メディアの「罪と罰」

メディアの「罪と罰」

新たなエコシステムをめざして

松本一弥
Kazuya Matsumoto

岩波書店

やや長めのまえがきとして

「信頼」と「エンゲージメント」という二つの観点から考える

メディアはいま、世界中で様々な角度からの厳しい批判にさらされています。メディアと信頼の問題を四六の国と地域で幅広く調査している英オックスフォード大学ロイタージャーナリズム研究所が毎年発表している「ロイター・デジタルニュースリポート」に掲載された様々なデータを読むとそのことがよくわかります。世界の人々には、自国のメディアが日々行っている報道やニュースに対して、それだけ多種多様な疑問や不満、不信感が募っているということなのでしょう。

この本は、そんなメディアや報道のあるべき姿を、「信頼(Trust)」と「エンゲージメント(Engagement、課金や関与、または読者や視聴者との特別な関係)」という二つのキーワードを軸に考えるとともに、未来の情報生態系である「メディアエコシステム」について、いまから何を手がかりにどうやって創り上げていったらいいのかを構想したものです。

エンゲージメントについては「いかにマネタイズ(収益化)を進めるか」という観点からテクニカルな方法論などが研究され始めています。ただしそうした議論と、人々の心に鬱積している「メディアに対する不信感」をどうやって解決していくかという現場系の議論がバラバラに行われて接合できていないため、メディアの危機に対し、人々の「信頼」を勝ち取って「エンゲージメント」を深めていくのが課題の企業担当者ら外部の人々が関心を持ちにくい側面もあるようです。

このため本書は「この二つの議論は本来、密接不可分だ」との問題意識のもと、第6章ではDX(Digital Transformation)の実践例に加えてエンゲージメントをめぐる新たな取り組みを紹介するとともに、第5章では「信頼」をつかもうと焦ったメディアが人々の興味関心に近づくあまり、人々の関心事(PV)に過度に吸い寄せられた末に公共メディアの「公共性」が揺らいでしまっているという「アテンション・エコノミー(関心を競う経済)」の危うさについて言及しています。

また第8章では、ニュースの取り上げ方や報道の仕方について人々が疑問を抱いた時はその場ですぐにメディアに質問や疑問を投げかけ、メディア側も官僚答弁ではない本音の回答を速やかに行うことで人々との間に「信頼性の回路」をつなぎ直す必要性や、「ブラックボックス化」しているため深刻な不信感を生んでいる取材プロセスをオープンにして「取材過程の可視化」に対し過去に前例がないほど全力で取り組む重要性を訴えています。

他方、第2章では、所属する組織の最暗部の歴史を徹底的に深くえぐる検証作業を進めながら、そのことによって同時に明日のジャーナリズムと朝日新聞への「信頼」を何とか取り戻したい、そんなアクロバティックな問題意識を秘めたプロジェクトでもあった「新聞と戦争」の舞台裏を詳細に描きました。さらに第1章では、そのメディアは「ホンモノ」といえるのか？　それとも権力者にどこまでもすり寄り、「客観的」であることを装いながらも実際には権力者を擁護するだけの「御用メディア」や「御用記者」、「御用キャスター」にすぎないのかを見極めるポイントを一〇に絞り、提示しました。

「デジタルニュースリポート」からメディアの現在地を見る

次に世界のメディアが置かれている現在地の限りなく厳しい光景について、「デジタルニュースリポート」の内容などを軸に、データに基づいて考えてみたいと思います。

二〇二二年版の「デジタルニュースリポート」は、ニュースに対する信頼度や関心そのものが世界的に低下していることに加えて、政治や新型コロナなど特定のニュースを避ける傾向(Selective News Avoidance)が多くの国でみられることを明らかにしました。(1)

具体的には二〇一七年から二〇二二年の六年間で、ブラジルでは二七%から五四%、イギリスでも二四%から四六%と「選択的ニュース回避」の傾向が倍増しているのと同様に、日本でも絶対数自体は多くはないものの、六%から一四%と倍以上に増える傾向がみられたということです。ニュースを避ける理由としては「政治や新型コロナなど特定の話題が多すぎる」と回答した人が二七%で最も多く、次いで「(ニュースが)信頼できない、偏向している」が一八%、「気分に悪影響がある」と「時間がない」と答えた人が同数で一七%などでした。

また二〇二三年版の「デジタルニュースリポート」は、世界中の家庭で家計が圧迫される中、多くの人々が無料で閲覧できるニュースを利用してすませるとともに、ニュースのために支払える金額についてシビアに考え直していることが明らかになったとしています。(2)

それによると、豊かな二〇カ国では、オンラインニュースに料金を支払っている人の割合は二〇二二年と同じ一七%でしたが、その割合が最も高いのはノルウェーの三九%で、逆に最も低いのは日本とイギリスで共に九%だったということです。

同研究所はさらに、現在はオンラインニュースに料金を支払ってはいない人々を対象に、購読に踏み切る決め手となるものがあるかどうかを探るためのより詳しい調査を二〇カ国で実施したそうです。その結果、一部の人は「コンテンツの独自性がもっと高ければ料金を支払うかもしれない」(二二%)と答えたほか、「料金がもっと安いか、サービスの柔軟性が高ければ」(三二%)、「広告なしのオプションがあれば」(一三%)などの条件つきではあるものの、エンゲージメント(有料課金)に応じるかもしれないとの前向きな回答もあり、同研究所は「励まされる結果だった」とみているようです。ただし同時に四二%の人が「何があっても支払う気にはならない」と答えたとのことで、その割合はイギリスでは非購読者の実に六五%、ドイツでも五四%に上ったそうです。何とも厳しい数字です。

別の角度からのさらにシビアな指摘もあります。

リポートの中のアルゴリズム(処理手順)にまつわる課題に触れた部分では、アルゴリズムによって人気のあるニュース記事を上位に表示するフェイスブック(現メタ)の手法が最盛期だった二〇一六年当時と比べると、「ニュース(content)」をアルゴリズムに選択してもらうことに対してだけでなく、ジャーナリストに選択してもらうことに対しても、多くの国々で人々の満足度はさらに下がっているということです。

アルゴリズムをめぐっては様々な問題がすでに指摘されていますが、今回こうした変化が起きた理由や背景として、同研究所は「今年のデータからは「過度に個人向けにカスタマイズされた」ニュースによってかえって重要な情報を見逃したり、自分と異なる刺激的な意見に触れる機会が減ったりするのではないかとの懸念が、二〇一六年と同様に高いレベルで続いていることが明らかになった」と分析しています。

ただしジャーナリストや編集者にとってほんとうに厳しいのはここからです。

「しかしアルゴリズムに不満があるからといって、ユーザーがジャーナリストや編集者にニュースを選んでもらうことのほうをより好んでいるというわけではない。これはおそらく、伝統的なニュースの側にも隠された意図や偏見があると考える人が多いためではないかと思われる。実際に、あらゆる年齢層や属性において、過去の閲覧や視聴の履歴に基づくコンテンツ選択のほうが、ジャーナリストによる選択よりも平均的に好まれているということは注目に値する」

メディア企業の経営が長期低落傾向にあることに加えて、メディア自身の誤報や消極的な報道姿勢などによって人々の「信頼」が下降の一途をたどる中、生き残りを賭けたエンゲージメント戦略をあれこれ模索してもなかなか明るい展望が見えてこない――。リポートの文面を読んだメディア関係者からはそんなリアルな悲鳴が聞こえてきそうです。日本に限らず世界のメディアにとってもいばらの道はこれからも続いていくでしょう。

毎年優れた内容のリポートを発表し続けるロイタージャーナリズム研究所ですが、私が近年最も注目したのは二〇二一年に発表された「Overcoming Indifference: What Attitudes Towards News Tell Us About Building Trust」と題されたリポートです(3)。

この年も「世界の多くの国々でニュースに対する信頼が減り続けてきた」と指摘した上で、同研究所は注目すべき文章を掲載しています。その要点をピンポイントで取り出せば、それは「多くの人々は依然としてニュースをかなりいかがわしいものと見なしている」が、それでも「私たちは誰もが自分たちの世界を理解し導いてくれるための（中略）信頼できる情報源を必要としている」という下りです。**ニュースはどこかいかがわしく容易には信用できないが、不透明で不確実な危機の時代だからこそ信頼できるニュースが必要だ――**。一見すると相反しているかのようなこの二つの感覚が、いずれも切実なものとして、持続低音のように世界中の人々の意識にあるということではないか。「メディア不信」の陰で人々がそう感じているのであれば、メディアは何とかその壁を突破し、たしかなエンゲージメントを手に入れて存在感を示さなければならない。そう思わせてくれるリポートです。

「権力は正方形の枠で弾圧してくる」

「台湾有事」をはじめ社会の一部に不穏な雰囲気が漂い始めている昨今、過去に犯した戦争礼賛報道でいくつもの「罪と罰」を背負っている日本のメディアはこれからどうなっていくでしょうか。

「昭和八（一九三三）年から日本がおかしくなったとき、権力側は正方形の囲みを作った[4]」。昭和史に関する数々の優れた本を出版してきたノンフィクション作家の保阪正康は、作家・半藤一利との対談の中でそんな持論を展開しています。保阪によると、正方形の一つの辺は教育で、「ススメ　ススメ　ヘイタイ　ススメ」と教えた国定教科書がつくられました。もう一つの辺は法体系。治安維持法の運用で共産党を抑えつけた後、自由主義者や新興宗教にも弾圧が向けられました。さらにもう一つの辺が暴力で、官民挙げての暴力が言論弾圧へ向かった。そして最後の辺が「情報の一元化」。メディアを国家のもとに統合し、気に入らない報道を許さない体制を作ることで権力者は情報を自由に操作できるようになったと指摘したうえで、保阪は警鐘を鳴らします。

「権力側は正方形を作ると、その枠を段々と狭めていくんです。(中略)だから、メディア側には弾圧の正方形が形成されていないか、常に気にしている必要があるんです」「国家が個人を弾圧しようとしたら、断固として拒否しなければならない。そのための役目を市民から負託されているのが、ジャーナリズムなんですよ。負託されている側はその責任を自覚しなければならないし、市民の側にもジャーナリズムに知る権利を負託していることに対する責任と自覚が必要です。新聞や雑誌を買うのは、知る権利を負託していることについての負託料を支払っているのであり、期待値として対価を払っているんだと、もっと自覚すべきですね。私たちの権利を代行していることへの謝礼という意味さえあると思う。戦前といまとでは違う。今度は、昭和初期の歴史を繰り返してはならない。ジャーナリズムを死なせてはいけないんです」

そしてメディア企業の幹部や記者一人ひとりにこう問いかけます。

「いまの時代、ジャーナリズムはシビリアン(市民)になってほしいけれど、それには大変な努力と覚悟が必要です。国家と個人が対立したとき、思い切って抵抗するか、それとも亡命を選ぶかという厳しい選択を迫られることはこれからだってある。いまのジャーナリストにそこまでの覚悟があるんでしょうか」

風雲急を告げる時代にあって、メディアがどんな視座に立って日々の報道を行うか。権力者のお先棒を担ぐのか、それともあくまで市民の側に立つのか。その違いが死活的に重要です。

この国のジャーナリズムの現状を見渡せば、ミサイル迎撃システム「イージス・アショア」の配備候補地選定をめぐる防衛省のずさんな調査をスクープした秋田魁新報社を始めとする地方メディアの活躍が目立つ中で、全国紙やNHKを始め民放各局の報道は総じて精彩を欠いています。

そんな中、かつて「大本営発表」の一角を担って戦争推進の旗を振ったメディア企業で働く人々は自社の暗黒の歴史を改めて自ら厳しく見つめ直すべき時が来ています。「新たな形の大本営発表」に加担するような動きを一部のメディアが現実に見せ始めているからです。この国を戦争に導いたメディアとして過去の反省を近未来にどうやって活かしていくのか、「有事の報道」がいよいよ現実味を帯びてきています。

既存のテレビ局や新聞は、「市民の側に立つ」メディアに生まれ変わる覚悟を持って真相に迫る報道を展開し、失いかけている「信頼」の再構築を試みながら「エンゲージメント」の経済的基盤を固めて展望を切り開いていくことができるか。「ニュースはどこかいかがわしいが、次々に出てくる問題を自分のアタマでしっかり考えるためにも信頼できる情報源はなくては困る」という人々の切実な声に耳を傾け、その声に本気で応えていく必要がメディアにはあります。

また思想家で武道家の内田樹は、新聞というメディアが凋落した理由について、こう述べています。[5]「私には言いたいことがある。誰が何と言おうと、私は身体を張っても、これだけは言っておきたい」というジャーナリストがジャーナリストであることの初発の動機をどこかに置き忘れたためだろうと私は思っている」。メディア企業で働く一人ひとりは、この指摘に正面から向き合い、批判に応えていく責任があるのです。

この本ではこうしたメディアの課題だけでなく、GAFAなどの巨大プラットフォーマーの問題や、スマートフォンに熱中するあまり「アテンション・エコノミー」に翻弄され、偽情報やヘイト言説に振りまわされがちな私たち自身の問題も考えていきたいと思います。市民のための新たな情報生態系である「メディアエコシステム」のあるべき姿を構想し、それを未来に実現していくために。

（1） Reuters Institute Digital News Report 2022 https://reutersinstitute.politics.ox.ac.uk/digital-news-report/2022
（2） ロイター・デジタルニュースリポート2023、日本放送協会放送文化研究所 https://reutersinstitute.politics.ox.ac.uk/digital-news-report/2023
（3） Overcoming Indifference: What Attitudes Towards News Tell Us About Building Trust https://reutersinstitute.politics.ox.ac.uk/overcoming-indifference-what-attitudes-towards-news-tell-us-about-building-trust
（4） 半藤一利、保阪正康『そして、メディアは日本を戦争に導いた』文春文庫、二〇一六年、一九三〜二〇八頁。
（5） 内田樹『武道的思考』ちくま文庫、二〇一九年、三八七頁。

目　次

※「「ホンモノ」のメディアを見極めるための10のポイント」を二、三頁に掲載しています。
本書を読み進めるための羅針盤にしていただければ幸いです。
※ 本書中敬称略。

第1章

「メディアの報道は何かおかしい」と思っているあなたへ

「ホンモノ」のメディアを見極めるための10のポイント

❶ そのメディアは「市民の側に立つ・市民のための公共メディア」といえるか？

❷ そのメディアは「ニセの客観報道」の問題点を改革しようとしているか？

❸ そのメディアは自社独自の「オンリーワンの報道」を展開しているか？

❹ そのメディアは権力者と心理的な距離を保ちながら権力監視を行っているか？

❺ そのメディアは自らの報道を厳しく自己検証してその結果を発表しているか？

❻そのメディアは前例のないレベルの「取材過程の可視化」に挑んでいるか？

❼そのメディアは「デジタル時代の動的な説明責任」をはたしているか？

❽そのメディアは「政治報道改革」に取り組んでいるか？

❾そのメディアは間違えたらごまかさずに「訂正・おわび」を積極的に出しているか？

❿そのメディアは社内に「言論の自由」がほんとうにあるか？

そのメディアは「ホンモノ」といえるのか？

そのメディアは権力監視を始めとするまっとうなジャーナリズムの精神をしっかり持った上で日々の報道を行っている「ホンモノ」といえるのか、それとも権力者にすり寄り、「市民の側」に立つふりをしながら実際には「権力を持つ側」に立って、権力者への批判を巧みに避けながら権力者をひたすら擁護・礼賛するだけの存在、つまりは「御用メディア」や「御用記者」、「御用キャスター」にすぎないのか。「ホンモノ」か「御用メディア」かをシビアに見極めるための10のポイントをまとめてみました。

市民の側か、権力者の側か。「物事はそれほど単純ではない」という反論も容易に予想されます。しかしながら取材する側の視点は実態として、一つひとつのニュースの取り上げ方やその内容に確実に反映されます。なぜなら純粋に「客観的な視点」というものは現実には存在しないからです。

ただし「市民の側に立つ」とは、「正義の味方」よろしく「権力を追及する」自らの姿勢に自分自身が酔っているのではないかと受け取られるようなふるまいをすることではありません。「権力者の行うことはすべて悪だ」と最初から決めつけて「結論ありき」の報道をすることでもありません。そうではなく、時に権力者の懐に深く入り込みながらも権力者に取り込まれず、事実を追求しながら真相に迫った上で、知り得た事実についてはありのままに市民の前に明らかにすることです。

この本の中で、私は「客観的な報道」を装いながらもその実、権力を持った側の思惑や言い分を権力者や当局に代わって垂れ流す「発表ジャーナリズム」、言い換えれば「ニセの客観報道」を繰り返し批判しています。なぜなら「ニセの客観報道」は、政治家がメディアに圧力をかける際の決まり文句である「報道における公平・中立」をかわすための都合のいい「隠れ蓑《みの》」になっていると同時に、「あくまで真相に迫る」というメディア本来の仕事にメディア自身がブレーキをかけて国民の知る権利に応えるのを怠ることに直結する安直で罪深い行為だからです。

「政府広報」と大差ない情報しか提供できないメディアにわざわざお金を払ってくれるような奇特な人はこの世の中にいません。奇妙な話ですが、メディア企業の幹部の中にはこのロジックをよくわかっていない者がいます。真相に迫るリスクを回避した「無難な報道」は幹部の心を一時的には平穏にしてくれるかもしれません。ただしその分、そうしたメディアは人々の信頼を失い、見放されてしまう危険性があります。だからこそ新聞社であれば紙かデジタルかに関係なく、メディアに最も必要な「信頼」という大きな流れを呼び込んで「エンゲージメント（有料課金）」につなげていくためには、あくまで「オンリーワンの報道」を軸に真相に迫っていく実績を積み上げる中で市民にとって有意義な情報を日々提供するしか経営を本来的に安定させる方法はないのです。

テレビ局がはたすべき責任とは

同様に例えばテレビであれば政治家をはじめとする権力者の言動を一方的に垂れ流すのではなく、たとえ放送時間が短い定時のニュースであっても、①その言動や思惑に問題はないか、②過去の言動と整合性はとれているか、③表に出ている事実の裏側に隠されている事実はないか、④事態の背景や構造はどうなっているかなどの点をたえず意識しながら、あくまで市民の側に立ってニュースを複眼的に伝える工夫を凝らす責任がテレビ局にはあります。

なぜなら特にNHKや民放の定時ニュースは「政府広報」といわれても仕方がない内容を（さながら戦時中の「大本営発表」のように）一日中何度も繰り返し放送することによって、政府の決定は「ただ受け入れるしかない」とのあきらめにも似た雰囲気を社会に醸成させ、ニュースに対する人々の疑問や批判意識を結果的に弱めるという「罪」を実態的に積み重ねているからです。

何も「すべての定時ニュースを変えよ」といっているのではありません。国民生活に大きな影響を及ぼす安全保障や経済、医療、福祉、社会に関する政府の決定や意向、方針、方針変更などを伝える際は通常のパターンを取りやめ、伝える項目数を減らした上で、例えばシリーズ化して政府の問題点を何度も多角的に掘り下げていくなど、「ほんとうは何を伝えるべきか」をもっとテレビ局内で議論を深めてから報道すべきではないかといっているのです。

ところがテレビ局の現役社員やOBと話してみて気づくのは、このような懸念を持っている人は圧倒的に少ないという現実です。テレビ局側は「定時のニュースは項目数をなるべくたくさん盛り込むことになっています」「議論は社内で十分しています」「夜の報道番組を見てもらえばそれで十分」といいます。が、そうはいってもニュースの掘り下げ方が不十分な報道番組はいくらでもあります。

そもそもテレビの視聴時間が減少傾向にあり、定時ニュースしか見ない視聴者も少なくない中、定時ニュースと報道番組などを網羅的に見なければ成り立たないようなジャーナリズムでいいのか？政治家から「公平・中立」を求められて防御姿勢を強める報道現場は、市民本位の立場に立ってより意味のあるニュースを伝えるためにあらゆる可能性を探るという本来の職務を遂行せず「思考停止」に陥ってはいないか？　テレビは民主主義を守り、育てるためのツールでもあるはずです。そうであれば市民本位に徹した新たな報道のスタイルを改めて模索し、果敢に実行すべき時ではないか。それが私の問題提起(の一つ)です。

ちなみにこうした点についてBBCはどう対応しているのでしょうか。ロンドン在住のジャーナリスト、小林恭子はこう指摘しています。「BBCの場合は「政府の意思と思惑ばかりが繰り返し垂れ流される」ということはないと思います。なぜなら「政府はこう言っているが、批判者はこう言っている」というように、政府の意思や思惑を相対化する視点や言説がセットとして放送されているからです。特にウェブサイト(文字情報)では、NGOとか野党の意見、(時間があれば)市民の声などが入りますので、BBCが政府見解だけを放送することはないという印象が一般的になっているのです」(NHKについては第２章と第９章で言及します)。

「戦後の安全保障政策の大転換」にお墨付きを与えたメディア幹部

他方、国民の目に映るメディア関係者の動きもいま大きく様変わりしようとしています。

岸田政権は二〇二二年一二月、外交・防衛政策の基本方針である「国家安全保障戦略」など、安保関連三文書を閣議決定しました。相手の領域内を攻撃する「敵基地攻撃能力」を保有することを明記したほか、五年間の防衛費総額を四三兆円とすることなどを盛り込みました。

これらは「戦後の安全保障政策の大転換」であるにもかかわらず、国会では説明を行わず、なし崩し的に閣議決定した議論の一端を担ったのが、政府の「国力としての防衛力を総合的に考える有識者会議」です。この有識者会議には、メディア側からは日本経済新聞社顧問や読売新聞グループ本社社長、元朝日新聞社主筆が参加しました。この中で、例えば初会合に欠席した元朝日新聞社主筆は事前に発言要旨を提出し、「実戦・継戦防衛力においてもっとも重要かつ急を要する課題は、陸海空及び宇宙、サイバー、電磁波の領域横断作戦を迅速に遂行できる常設統合司令部の創設であり、常設統合司令官の任命である」「実戦・継戦防衛力強化においては、ミサイルを含む打撃能力(反撃能力)の保有も欠かせない」との内容を明記しました。元主筆はさらに「これからの時代の安全保障を考えたとき、二つのことを肝に銘じておく必要がある。一つは、国を守るのは自らの責任であるという国家としての当事者意識である。(中略)もう一つは、国を守るのは国民全体の仕事だという国民としての当事者意識である。(中略)有事の際の対応にあたっての国民の関与と参画のあり方、その際の国民の権利と義務のあり方に関する新たな社会契約を結ぶときに来ている」などの内容も加えました。

メディア企業の現役幹部や元幹部が、安保政策をめぐる国民不在の議論の中で、たとえ自らの信念や考えを個人的に表明しただけだとしても、実質的には最初から「結論ありき」だった政府の方針である敵基地攻撃能力の保有などにお墨付きを与え、政府のお先棒を担ぐ役割を担ったという事実。私たちはその事実を決して忘れてはなりません。

沖縄の米軍ヘリコプター着陸帯建設に反対する人々を標的に、ウソとデマだらけの番組「ニュース女子」が放映されるなど、ヘイト言説を地上波で垂れ流すテレビ局がすでに現れています。そんな中にあって、メディアが提供する情報や番組のコンテンツの真偽を「自分のアタマで考えて冷静に判断する」基準を一人ひとりが持つことはいまの時代に極めて重要です。

「台湾有事」の現実可能性が声高に叫ばれるなど世の中がきな臭くなり始めている中にあって、日本全土を巻き込むような危機が近い将来起こり得ると仮定した場合、**「市民の側に立つ」姿勢を平時において明確に打ち出せないようなメディアは、有事の際はあっという間に権力側に取り込まれ、「大本営発表」を率先して垂れ流すだけの「御用メディア」に再び成り下がる**であろうことは過去の歴史からも疑いの余地がありません。みなさんには冒頭に掲げた10のポイントを参考に、「ホンモノ」と「御用メディア」を見極める眼を養うとともに自分流のルールを作ってみることをおススメします。

（強調は筆者、以下同）

車の両輪となるべき「信頼」と「エンゲージメント」

ニュースやメディアをめぐる様々な問題の核心は「信頼(Trust)」と「エンゲージメント(Engagement)」、この二つに集約することができると私は考えています。まず、メディアにとってその存在意義に関わる最も重要なものが「信頼」です。社会心理学者の山岸俊男が『信頼の構造』の中で指摘したように、「信頼」とは「個人の生活を豊かにしてくれる私有財としての関係資本(social capital)であると同時に、我々の社会を住みやすい場所にしてくれる公共財としての関係資本でもある[1]」。そもそも「社会関係の潤滑油」である「信頼」がなければすべての物事は始まりません。とはいえ「信頼」は扱いがとても難しく、築くためには何年も何十年もの歳月が必要ですが、瓦解《がかい》するのはほんの一瞬で十分です。

他方、「エンゲージメント(課金や関与、または読者や視聴者との特別な関係)」の方は幅広い概念です。一般的には「深いつながりを持つ」「積極的に接触する」といった意味合いですが、メディアの文脈では基本的に「そのメディアに関心を持つ」ところから始まり、メディアのサイトを何度も訪問して何本ものニュースを読んだりコメントをつけたりして滞在時間を延ばす(=読者や視聴者をつなぎとめておく)ことの流れの中で「コンバージョン(Conversion)」=「最終的な成果」に帰着します。ただし最近はこうした基本形に加えて、メディアに対するユーザーの不満を解消して「信頼」を再構築していく手がかりをつかむためにも、ユーザーとの間で何らかの「コミュニティ」作りを協働で進めるといった方法論など、総じて数値に置き換えやすい量的な観点から質的な観点への進化を模索する手法や考え方も出てきています。

この「信頼」と「エンゲージメント」が車の両輪のようにスムーズに駆動し続けることこそが、失いかけている人々の「信頼」をメディアが取り戻して再構築していくためには不可欠です。

とはいえ、言うは易く行うは難し。メディアからすれば「エンゲージメント」の成果はのどから手が出るほどほしくてたまりませんが、そこに安直に到達できる通路や回路はありません。

他方、「フェイクニュースだ」と激しいメディア攻撃を止めなかったトランプ米大統領との対決姿勢を鮮明にしたニューヨーク・タイムズ(NYT)が電子版の購読者を増やしたように、有料課金に応じた人々の数が増えたケースをウォッチしていて気づくのは次のようなことです。

すなわち、メディアに対する「信頼」の感情が人々に芽生えるのは政治や経済、社会、エンタメなど各ジャンルの質の高いコンテンツの内容が幅広く受け入れられているという意味で「水平的(horizontal)」な取り組みが行われている時だけでなく、むしろ権力者の問題を始め様々な社会や経済の問題などに対してメディアがいわば体を張って独自の報道を展開する「垂直的(vertical)」な取り組み、つまりは「闘う姿勢」を具体的に示して人々がそれを実感するとともに肯定的に評価できた時なのではないか。これに対し、NYTの上層部自身はニュースなどのバラ売りの単体商品ではなく、消費者のあらゆるアクセスに答えられるような「サブスクリプション(定額制)のパッケージ」である「"the bundle"(全部入った商品の束)」こそがNYTの好調を支える原動力と考えているようですが[2]、NYTの場合はジャーナリズムとしての闘う基本姿勢がぶれずに同社の基盤＝岩盤を形成していて、その上に魅力的な単品の商品(記事その他)でいくか、単品を束ねたパッケージを売り出すかの選択肢がいくつもあるということなのでしょう。

話を戻せば、「みずからをつくるということは、未来に向かってみずからを投げ出すこと[3]」という哲学者サルトルのコンセプトを使って仮にこのイシューを表現するとすれば、メディアが権力者と馴れ合うことをやめ、あくまで本来の使命をはたすために渦中の問題に「自らを果敢に投げ出して深く取り組む」＝「投企(projet)」の迫力をもって具体的な成果であるオンリーワンの報道を提供できた時にこそ、人々の中に「このメディアは信頼できる」という信頼の芽や「何とかこのメディアを応援したい」という感覚が生まれ、人々の「信頼性のセンサー」が作動し始めるとともにメディアと人々をつなぐ「信頼の回路」がその姿を現し、本来はハードルが高い有料課金への「狭い道(narrow path)」につながっていくのではないか。仮説の域を出ませんが、私にはそう思えてなりません。

世界の人々がニュースを「どこかいかがわしい」とみなしている中、「メディアはどうすれば人々の「信頼」を取り戻し、新たに「信頼」を構築していけるのか」という、誰にも解けたことのないこの問いを立てるのは無謀な試みにさえ思えてきます。メディアの未来を楽観的に考えることはもはや誰にもできません。それでも本書ではデジタル時代のメディアがいくつもの閉塞的な状況を突破して新たな見晴らしを切り開く可能性(の有無)を様々な角度から考えてみたいと思います。

「事実」とは何だろうか——「客観報道」と「ニセの客観報道」

この本を読み進めていただく上で理解の助けになるように、いくつかの基本的なことがらやコンセプトについて、ゼロベースで私の考えをお話ししておきたいと思います。

まず「事実とは何か」について。例えば目の前の光景について記者が誰かに伝えようとしたとします。記者の前には、色とりどりの花や何種類もの草木が生い茂っている庭だけでなく、車が通るたびにほこりが舞い上がる道路やそこを行き交う人々の表情、立ち並ぶ建物の外観、さらにはその日の透明な空気感、あたりに漂う独特のにおい、流れる雲の状態など無数といっていいほどの事実が広がっています。その意味で、事実は「多面体」です。

その上で、「報道とは何か」について。「報道する」とはもちろん「事実を伝える」ことです。ただし、多くの事実の中からどの事実を報道する対象に選ぶかという点で、記者は主体的に選択する判断に迫られます。なぜなら無数の事実をそっくりそのまま伝えることは誰にもできないからです。またそれらの事実を、どんな視点に基づいて、どのような表現を使って、どういう文脈の中で、どれぐらいの大きさ(強さ)で報道するか——という各プロセスにおいても記者は自らの主観的な判断を避けて通ることはできません。その意味で、**報道に客観性はありません。**「客観性」はあくまでメディアが目指すべき目標であって、報道の分野に客観性をそのまま適用しようとするのはどだい無理な話なのです。

では、メディアはどんな報道をすべきなのか。この問いに答える前に、いまのメディアが使いたがる**「客観報道」**ということばをめぐる歴史的経緯を簡単に振り返っておきます。

戦争中にメディアは軍部と一体化し、偽情報や誤情報だらけの「大本営発表」を繰り広げて戦争を推進する一翼を担った末に、この国は一九四五年、破滅的な敗戦という結末を迎えるに至りました。その反省に基づき、日本新聞協会は一九四六年の新聞倫理綱領で「報道は正確かつ公正でなければならず、記者個人の立場や信条に左右されてはならない」ということを取り決めます。つまりは客観報道原則の強調です。思い込みなどによる主観的な報道とは真逆という意味で、「客観報道」ということばもよく使われるようになりました。

これで報道の質や内容は格段に良くなっていくだろうと当初は考えられましたが、ほどなく「客観報道」、つまりは権力を持った側の言動を「そのまま、客観的に」伝える「発表ジャーナリズム」の弊害が明らかになってきました。理由の一つは、「ALL GOVERMENTS LIE!（すべての政府は嘘をつく！）」からです。これは、一九五〇年代のアメリカに吹き荒れた反共産主義運動（マッカーシズム）によってワシントンの記者クラブから締め出されながらも、政府の発表文書などを深く読み解くことで国内外の問題の深層に鋭く迫った二〇世紀のアメリカを代表する調査報道記者、Ｉ・Ｆ・ストーンが自らの経験に基づいて語ったことばです。(4)

ほかの国と同様に、日本でも権力者は発表の可否やその内容、タイミングを自分の思い通りにコントロールすることで国民やメディアに対する情報操作を行いたがります。権力者によるこうした事実上の言論統制に対して安直な「発表ジャーナリズム」ではとても対抗できないと、「客観報道」に依拠しがちな報道の危うさを厳しく批判したのが元共同通信編集主幹の原寿雄でした。原は「事実を客観的に報じるという原則が、情報操作の武器としてニュースソース側に利用される状況がいよいよ拡大、発展している」として主に一九八〇〜九〇年代に何度も警鐘を鳴らしましたが、メディア側はその警告を事実上無視し、放置したまま今日に至ります。

とりわけ第二次安倍政権以降はメディアに対する有形無形の「圧力」を与えようとする思惑やことさらのように「報道における公平・中立」を要請する動きが顕著になったため、メディアは権力からの攻撃を恐れるあまり、そうした危険性のある問題に関しては自ら先回りして回避する防御的な態度を露骨に取るとともに「客観報道」を強調するという逃げの姿勢を露にするようになりました。

ここまでの経緯を押さえた上で、では権力を持った側の言動を伝えるメディアが、自らの主観を交えず、事実を「そのまま、客観的に」報道すればそれだけで「客観的な報道」「客観報道」が成立するといっていいのかという問題にフォーカスして考えてみましょう。

原発の運転期間を実質的に延長可能にした閣議決定

この問題については一つだけ具体例を挙げて考察してみます。政府は二〇二三年二月、「最長六〇年」とされている原子力発電所の運転期間を実質的に延長できるようにする法案を閣議決定しました。

これは事実です。ただ同時に、この運転期間は二〇一一年にメルトダウンを起こして世界中を震撼《しんかん》させた東京電力福島第一原発事故後、古い原発に「退場」してもらうため、安全規制の柱の一つとして、また運転期間を制限するルールとして設けられたものです。「東日本壊滅」を想定した極秘シナリオが作られるほど危機的状況に追い込まれたことを踏まえて規定されたその運転期間を、今回の決定は国民的議論抜きに覆すという内容です。にもかかわらず少なからぬメディアは「閣議決定した」という「事実」だけを「そのまま、客観的に」報道するだけで対応しました。はたしてそのニュースは「客観報道」と呼ぶに値するでしょうか？

そう問題提起するのには理由があります。実はこの閣議決定に先立ち、経済産業省は原子力政策について議論する有識者会議の会合を開いてきました。①ただし集められた二一人のメンバーの大半は事実上の「原発推進派」で、原発の運転期間延長を支持したこと、②安全性の確認を担う原子力規制委員会の委員からは「具体的な基準や方法などが詰められていない」ことなどを理由に「安全側への改変とはいえない」との反対意見が出されたこと、③野党からも「審査のやり方などが明確になるまで閣議決定すべきではない」などの意見が出されたが政府が押し切ったこと、④客観的にみれば日本の原子力政策の重大な転換点になるのに、政府は国民の意見を聞くこともなく異例の拙速さで結論を急いだこと。これらのことも「事実」として閣議決定という「事実」と並んで存在しています。⑤さらに閣議決定は「政府内部における最高の意思決定として政府全体に貫徹されるべき」だとみなされてはいるものの、内閣の意思について閣僚間でコンセンサスをとっただけであり、法的効力はなく、国会を縛る力もない。これもまたもう一つの「事実」です。

繰り返しますが、報道は事実を伝えるべきものです。その意味で、これら複数の事実を(少なくともその一部を)「政府が閣議決定した」という事実と同時にリアルタイムで報道しなければ、いくらテレビの定時ニュースは時間的制約が厳しく新聞の紙幅は限られているとしても、そのニュースを「客観的な報道」「客観報道」と呼ぶのは無理があるのではないか。なぜならその報道は閣議決定に至る議論全体についての客観性を担保しているとはいいがたい、政府の意思と思惑を伝えるだけの**「ニセの客観報道」**になってしまっているからです。

ここで一点だけ付け加えれば、「発表ジャーナリズム」と対置されるものとして「調査報道」があります。当局による裏付けに頼らず、メディアが自ら掘り起こした事実をメディアだけの責任で報道して問題の核心や真相に迫る自社独自の「オンリーワンの報道」です。この調査報道の重要性はいうまでもありません。[5] ただしニュースの量で比べれば、発表ジャーナリズムに基づく毎日の報道の方が調査報道の量より多く、人々の目に触れる頻度も高いということがあります。調査報道については別の機会に譲り、ここでは「発表ジャーナリズム」の問題にフォーカスする中で新たな報道のスタイルを考えていきたいと思います。

「記者の目ん玉を徹底的にいちばん弱い者の高さに置く」

では**「メディアはどんな報道を行うべきなのか」**という点について、私の考えは極めてシンプルです。メディアが「ニセの客観報道」中心の報道姿勢を改め、**「市民の側に立つ・市民のための公共メディア」として再出発する覚悟を決め、日々の報道を通じて果敢に実践する**ということです。

「メディア不信」の時代において、メディアと人々の間で崩れかけている「信頼関係」という名の回路を再構築していくためにはざっくりいって三つの方法があると私は考えています。

一つ目は、権力者や当局の発表などに依拠しただけの「ニセの客観報道」をやめて日々の報道の中身をもっと市民本位のものに変え、「市民の側に立つ・市民のための公共メディア」として再出発するというやり方です。二つ目が、「ニセの客観報道」の対極にあるものとして、本格的な調査報道を軸に、そのメディア独自の「オンリーワンの報道」を日々実践することです。

三つ目は、より詳しくは第8章で解説しますが、メディアへの疑問を人々がその場で問いただし、メディアの側も速やかにその質問に正面から答える仕組みや人々とつながる新たな回路をデジタル上に創って「デジタル時代の説明責任」をしっかりはたすというやり方です。

では、一番目と二番目の基本理念である、「市民の側に立つ・市民のための公共メディア」に生まれ変わるとは、具体的には何をどうすることでしょうか。

「市民の側に立つ」とは、政治家など権力者への忖度をやめるとともに、あらゆる取材対象者から一定の距離を保った上で、「何が市民にとって重要な情報か」をたえず意識しながら取材に取り組む、「権力から独立したスタンス」をメディアが貫くという意味です。

そしてその際、記者はどんな「視点」や「視座」で報道に臨むべきか。この点については共同通信の編集委員だった斎藤茂男のことばを借りていえば「記者の目ん玉を徹底的にいちばん弱い者の高さに置いてしまう。その高さから世の中を見てみる」ということです。

労働現場を深く取材した『わが亡きあとに洪水はきたれ！』を始めとする多くの優れたルポルター

ジュ作品を生み出してきた斎藤はこう力説します。

「労働現場の取材でも、経営者側の話ももちろん取材しなければなりませんが、労働者の側、それも本工の立場からさらに社外工の立場へ、さらに出稼ぎ労働者やパートの婦人労働者の立場へと、どんどん目の位置を下へ下へと降ろしていくことによって、全体状況がしだいに見えてくるのです。現代資本主義の構造というのは、社会的弱者のところに矛盾が集中的に現れると思われるのですが、その矛盾の集中点に取材者が立つ。そこから状況を見るということが、現実を把握する最短距離であり、的確な方法ではないかと思うのです。べつの言い方をすると、それは切り捨てられている者の怒りや痛みを自分のものにするということです(6)」

矛盾の集中点である社会的弱者を含む市民の立場に立って現実を眺め、本質に迫ること。そこに私自身の考えを二つ加えるとするならば、「問題の全体的な構造や物事を決定するプロセスはどうなっているのか」を立体的に把握することや、その問題が今日に至るまでどんな歴史的経緯を経てきたかを含めた「歴史との対話」を過去に遡って、ていねいに行うこともまた重要だと思います。市民の側に立ってこれらの取り組みを重層的に進めることが大切です。

取材のあり方を「深化＝進化」させていく

権力者の思惑を伝えるだけの「発表ジャーナリズム」や「ニセの客観報道」を具体的に乗り越えていくためには、記者の「視線」や「視座」を改めることに加えて、記者にとっての基本動作である「取材」とは何か、そのあり方自体をもっと「深化＝進化」させる必要があります。

この点でも共同通信の斎藤のことばがヒントになります。自分が記者として日々行っている取材がはたして十分なものなのか、自分で判定するのはとても難しいものですが、「自己検証の方法」が一つあると斎藤はいいます。それは「その取材が自分にとって心底おもしろいかどうか、自問自答してみること」だというのです。斎藤はこう述べています。

「だいたい、いい取材ができているときは、取材者自身、心の躍動を感じているものです。（中略）それはなぜかというと、取材者自身がたえず取材活動のなかで新しい発見をしているからです。事実を追求していって、一つのことがわかる。すると、さらにつぎの取材の糸口が生まれて、また追求していく。そういうなかで、当初予想もしなかったような事実にぶつかったり、あるいは、その事実を分析したり総合したりするうちに、自分の気のつかないでいた法則性を発見したりする。そういった積みかさねで、取材者の視点がつぎつぎに質的に高まっていく。（中略）よい取材というのは、そういう一種の〝自己変革〟をともなうものだと思うのです。（中略）ですから、学び、知るという心の躍動があるかどうか、その点を検証軸にすれば、取材のよしあしの見当がつこうというわけです[7]」

こうした取材を積み重ねることによってたどり着いた記事、記者が「取材をしながら自己変革を伴うほどの新しい発見をした」記事は、確かな事実に基づく生き生きとした躍動感があって読む人の心に強く訴えかけます。それは権力者の言動を「そのまま、客観的に」伝えるだけの「ニセの客観報道」や「発表ジャーナリズム」からは最も遠い記事だということもできるでしょう。

イマドキの政治記者が気にすること

権力者の言動を垂れ流すだけではない報道をメディアが追求すればするほど、権力側との間には新たな緊張関係が生まれることになるでしょう。なぜなら「市民の側に立つ」メディアは、本音では巧みに情報統制を行いたいと考えている権力側と本質的な部分で相容れないからです。

ただし私たちがいま目撃しているのは、権力側とのトラブルが怖くて逃げ腰になりがちなメディアの姿だけでなく、権力者との親密な関係を誇らしげに見せつける一部メディアの臆面もない姿です。「ジャーナリズムとして何をすべきなのか」を自らに厳しく問いかけるよりも、権力者の懐に入って権力者と親しくなること自体が自己目的化してしまっているかのように見える一部メディアとその記者たち。そんな「御用メディア」と「御用記者」の質の劣化は目を覆うばかりです。

ここである記者を取り上げたインタビュー記事に注目してみたいと思います。この記者を個人攻撃する意図はまったくありませんので実名は挙げません。ただし記者が取材に答えた内容が、イマドキの政治記者の心情やレベルをくっきり映し出していると同時に、権力に接近する「アクセスジャーナリズム」の弊害が如実に表れていると思われるためここで取り上げるのです。

「報道の部署にいる中で心がけていることや大変なことはありますか?」との質問に対し、この記者はあっけらかんとこう答えています。

「一方的な取材は失礼だし、試行錯誤の毎日です。こちらの都合で取材対象者の方にお話を伺うこともありますが、向こうも忙しいよな、向こうの都合のあるのに申し訳ない……と思ってしまいます。

なので、私が取材先の立場だったら「嫌」と感じることはしないようにしています。相手が心地いいと思える距離で、相手の心に寄り添い、信頼されるような記者とは、と客観的に考えながら行動しています」

この答えを一読して驚嘆するのは、政治記者として「権力と向き合い、権力を監視している」という意識や覚悟が微塵も感じられない点です。そこに決定的に欠けているのは、先述したアメリカの著名な調査報道記者、Ｉ・Ｆ・ストーンが喝破した「すべての政府は嘘をつく！」という真実に対する認識であり、過去に権力者に騙されたり翻弄されたりしたという自身の苦い経験です。それは「国家権力のほんとうの怖さ」をとことん甘く見た態度の反映でもあるでしょう。

さらにこの発言には「**権力者を怒らせるような失礼なことを記者はすべきではない**」「**そもそも権力者を批判してはいけない**」という取材者の卑屈で倒錯した心情もうかがえます。

とはいえここで語られている内容は、世界に共通するジャーナリズムの基本原則や水準からは大きく逸脱しています。しかしそのことをこの「政治記者」は微塵も意識してはいない。そこに「劣化するメディア」の底知れなさがカオを覗かせているのです。

「自分はしがない労働大衆の一人にすぎない」

ジャーナリズムの基本原則についての解説書として世界中のジャーナリストに参照されている『The Elements of Journalism』(第四版)という本があります。同書が取り決めたジャーナリズムが守るべき一〇の原則の中には、ジャーナリズムは「It must serve as a monitor of power(権力を監視する機能をはたさなければならない)」と明確に語られています。「権力監視」はジャーナリストにとってはたすべき仕事として「一丁目一番地」にあたるものなのです。

「権力を監視する」とは、「市民にとって何が最も必要な情報か」という視点を常に忘れず、時に権力者が嫌がるような質問をして相手に鋭く切り込み、相手の本音を引き出してそれを忖度抜きで報道し、それでも相手からの信用が揺らがない。それがプロの記者というものです。

同時に、「そのメディアはホンモノか」を見極めるための四番目のポイントとして掲げた文章を改めてよく注目していただきたいと思います。ここで再掲しておきます。

❹そのメディアは権力者と心理的な距離を保ちながら権力監視を行っているか?

この文章では「権力監視を行っているか?」の前に、「権力者と心理的な距離を保ちながら」という文言を加えています。それはなぜか。例えば政治部の記者が政治家という権力者に食い込もうとするのは日々の業務として当然のことです。記者は時に相手の懐に飛び込んで相手との心理的距離を縮め、相手の本音を聞き出す必要があるからです。

ただし肝心なのはその後です。実名は挙げませんが、どこかの記者のように取材相手の首相や「大物」政治家とベッタリの関係になったあげく、相手が問題のある言動をしても一切伝えずに「礼賛報道」に終始し、時に相手に関する「批判記事」を書いたとしても核心には触れずに真相にも迫らない。そんな自らのこれまでの報道を厳しく自己検証することもできない記者は「御用記者」そのもので国際標準に照らしても厳しい評価を受けるのではないか。そのあたりのニュアンスを踏まえ、「心理的な距離を保ちながら」の文言を加えました。

何がホンモノのジャーナリズムかについては、その記者や所属するメディアが「保守」か「リベラルか」といったイデオロギー的な立ち位置や信条の違いは一切関係がありません。世界標準を知るためにも、くだんの記者にはまずはこの本を手に取って熟読してもらいたいと思います。

加えて、先述した斎藤茂男の次のことばも贈りたいものです。

「現実との回路をもたず、自分の状況感覚をゴツゴツしたナマの現実にフィードバックさせないで、技術に習熟していくうちに、記者は知らず知らず現実とかけ離れた認識を身につけてしまう。つまりは民衆の具体的な生活実態を視野から切り捨てて、支配する側に都合のよいだけの記事を平気で書くことにもなる。かくして、自分はしがない労働大衆の一人にすぎないのに、日ごろつき合っている政治家や財界人や高級官僚や労働ボスなどの「上」からの支配感覚に染まってしまって、歩き方や話し方までそれらしくなる、といったコッケイな風景も出現するのだ[8]」

他方、原発の運転期間延長をめぐる閣議決定の報道は、「有識者会議」という名の専門家集団にまつわる以前から指摘されてきた問題を改めて浮上させることにもなりました。例えば水俣病研究の第一人者で、患者の救済に半生を捧げた医師の原田正純は『水俣への回帰』の中で「専門家という負の装置」の持つ怖さやその問題点について、「国家は専門家を素人の踏み込めない聖域に閉じ込めることで権威化、権力化して国家のために活用する。時には民衆に対して「欺まんの装置」として活用する」と鋭く指摘しています[9]。

軍事を始めとする安全保障や電力などのエネルギー政策、新型コロナウイルスを始めとする医療政策など、国家が何かを「決定する」という局面では必ずといっていいほど多用される有識者会議の機能と役割について、私たちは過去に水俣病の時のようなネガティブな事例が数多く存在したことを知っているからこそ、メディアの記者やアナウンサー、キャスターらは報道の際、閣議決定という政府の方針を裏側で支えた有識者会議の議論の内実についても、「閣議決定した」という事実と同時にできる限り詳しく国民に知らせるべき責任があるのです。

「メディア不信」やメディアに対する無関心が社会に広がる中、ネット空間には様々な偽情報や誤情報、デマ、陰謀論などがあふれています。また巧妙な「ディープフェイク(ニセ動画)」や、自然な会話ができるAIチャットサービスChatGPTなどが人工知能(AI)によってさらに高度化していく中にあって、「ほんとうに役に立つ、信頼できる情報」を手に入れたいという人々の願いも強まっています。そんな中にあって、はたしてそのメディアは「ホンモノ」といえるのだろうかという点を冷静に見極めるための勘所をまとめてみたのが、冒頭に掲げた10のポイントです。

すでに❶から❹についてはざっと解説しました。❻と❼は第8章で解説しますが、残りの❺❽❾❿についても一言触れておきます。

官邸クラブの問題点

❽政治報道改革に関連して、記者クラブのあり方について一言触れたいと思います。

首相官邸は二〇二三年五月八日、新型コロナウイルスの感染症法上の位置付けを五類に引き下げた同日以降も、首相官邸の記者会見室で実施中の人数制限について継続する意向を示しました。これに対し、新聞労連は四月二八日、「コロナ禍を理由とした首相・官房長官会見の人数制限を解除せよ」

との声明を発表しました。その中で新聞労連も指摘しているように、「全国津々浦々の行政機関で行われる記者会見を、市民の知る権利に応える場として機能させるためには、コロナ禍を理由にした人数制限が継続する首相官邸の記者会見の在り方を変えることが重要」です。

記者クラブのメンバー以外に対しては極端に閉鎖的な現行の記者クラブを改革していくことは、政治報道全般に「信頼性」を回復していくためにも必要不可欠な作業です。民主主義を機能させていくためにも大事なこの改革に取り組まないメディアは「ホンモノ」とは到底みなせないでしょう。

海外メディアは官邸クラブの問題をどうみているのでしょうか。

その前提となる政治家と政治ジャーナリストの関係について、NYTは二〇二一年に読者の信頼を高めるための様々な取り組みを実践する「信頼チーム」を立ち上げ、政治グループもこのチームと連携しているといいます。同社の政治エディターであるデイビッド・ハルブフィンガーは朝日新聞の問いかけに対し、「私は政治記者たちに謙虚さを求めています。特に政治ジャーナリズムでは、ジャーナリストたちは洗練された事情通(sophisticated)になりたいという欲望を持っています。これに対しては警戒が必要です」と答えています。また「取材源と近くなりすぎることは顰蹙を買う行動」であり、日頃は記者に対し「リスペクトを得たければ、へつらうことなく、パンチを繰り出さなければならない」と話しているそうです。

そんなハルブフィンガーは、官邸クラブの問題については次のように述べています[10]。

――「日本では政治報道への批判の一つとして、首相の記者会見に先立って事前にいくつかの質問を首相側に示す慣行が指摘されますが、米国でもそのようなことはありますか？」

NYT「我々にはありません。それは馴れ合い過ぎです」

――「ジャーナリズム倫理に反するとお考えですか?」

NYT「はい、反します。なぜならジャーナリストたちが自分たちをショーの一部にしてしまうからです。パフォーマンスの一部になってしまいます。好ましくないことです」

――「日本では首相の記者会見で記者たちの質問が生ぬるいという批判もあります。トランプ大統領の記者会見で、トランプ氏に「フェイクニュースだ」と非難されながらもCNNの記者が執拗に質問を続けたシーンは人々の記憶に焼き付いています」

NYT「そうした根性(guts)がなければ、この仕事はやらない方がいいと私は思います。米国には(言論と報道の自由を保障する)憲法修正第一条があり、ジャーナリストには憲法上の役割があります。政府が自分自身を取り締まることはないでしょう。私がジャーナリズムの世界に入った理由は何よりも番犬(watchdog)としての監視の役割が重要と考えたからでした。(権力や不正の)監視には、市民を代表し、強靱さと勇気を持つ公平で独立したジャーナリズムの存在が必要です」

ガッツあふれるNYTの政治エディターのジャーナリスト魂から日本のメディアが学ぶべき点は多々あるでしょう。

旧ジャニーズ事務所の「茶番」会見は他の多くの記者会見と同じ

また、❺の「自らの報道を厳しく自己検証」することと❽の「政治報道改革」に関連して、日本中で毎日のように行われている「記者会見」をめぐる問題についても、ジャニーズ事務所(現「SMILE-

UP.」、以下「旧ジャニーズ事務所」と表記）が開いた一連の記者会見に言及しながら考えてみたいと思います。

元事務所トップの性加害問題をめぐって旧ジャニーズ事務所が開いた二回目の一〇月の記者会見は厳しい批判を浴びました。会見時間を短く限った上で、「会見を秩序立てて進行させ再発防止策等についての説明時間を十分に確保したい」との理屈に基づき質問は一社一問に限って追加質問は一切認めなかったことに加えて、コンサルタント会社が事前に記者の「NGリスト」を作るなどして厳しい質問を回避しようとしていた実態が明らかになったからです。

しかし「茶番」にも等しいこうした記者会見は旧ジャニーズ事務所に限った話ではありません。この国で行われている多くの会見は、「政治家を始め行政庁や大企業の幹部など権力を持っている側が言論を実質的に統制しようとする」という点で旧ジャニーズ事務所の会見によく似ています。ある意味ではそれ以上といえるかもしれません。なぜなら政治家などの権力側は、すべての会見においてではないにしても、記者会見で記者が質問する内容を事前に提出させたり事務方が「質問取り」をしたりした上で、それに対する回答はすべて事務方に用意させ、自分は会見でその初見のメモや想定問答集の回答を読み上げて終わりといった無責任極まる会見がごくふつうのこととして日常的に行われているからです。また質問取りに協力しないメディアや事前質問の内容が厳しいメディアについては、本番の会見では司会者が当てないといった運用も常態化しています。

独裁国家であればいざ知らず、権力側に実質的にコントロールされることが多いこの国の記者会見は、欧米の記者会見ではありえないほど権力者に対して迎合的です。「こんなやり方はおかしい」と感じている記者も一部にはいますが、記者クラブ内の相互にらみあいの関係性の中で「自分だけが異議申し立てを行って目立つのは権力者にも目をつけられて不利だ」などの感情が働いて批判を飲み込んでしまい、結果的には何も変わらない状態が続いているのです。他方、記者クラブに加盟していないメディアやフリーランスの記者に対しては極めて閉鎖的で、そうした対応全般にわたって市民感覚からのズレも際立っているのが実態です。

記者との真剣な質疑応答もなく、国民の「知る権利」に本気で応える気もないままに、あらかじめ作られた台本や想定問答集に沿って進行される権力者の記者会見は、冷静に考えればもはや「記者会見」の体をなしていないといわざるをえないでしょう。せいぜいが「記者会見ごっこ」か「記者会見もどき」、要は「ニセの記者会見」と見なされても仕方がない。今回の「ジャニーズ会見」は、記者会見本来の目的からかけ離れた日本の実態を逆照射するきっかけになったという意味では意義のある会見だったといえるのかもしれません。

記者会見はことばを使った真剣勝負の場だ

批判が集中した問題の記者会見は二〇二三年一〇月二日に旧ジャニーズ事務所が東京都内で開きました。九月七日の一回目の会見に続き行われたもので、三〇〇人近い報道陣が出席しましたが、時間はあらかじめ二時間に制限されていた上に、質問は「一社一問」までで更なる質問は認めないとの意向が事務所側にあったことから、いくら挙手しても司会に当てられない記者が続出してヤジや怒号が飛び交うなど会場は一時騒然とした雰囲気になりました。

旧ジャニーズ事務所としては一回目の会見が長時間に及んで多くの厳しい質問や「不規則発言」にさらされたため、二回目はそれを踏まえて「混乱の起きないスムーズな会見」を目指したかったのでしょう。旧ジャニーズ事務所が一〇月一〇日付で公表した「NGリストの外部流出事案に関する事実調査について」という文章には「九月七日記者会見においては、（中略）一部の記者が、司会者による指名を無視して会見会場で大声で質問する、ヤジを飛ばす、不規則発言を繰り返す等の無秩序な言動を繰り返していた」との認識を示すとともに、「質疑応答の進行をより整然と秩序立てて進める必要があると考えていた」などと書かれています。けれども結局のところメディアをコントロールしようとした試みは失敗に終わるとともに、旧ジャニーズ事務所の改革に対する真摯さと本気度にも疑念をもたれる結果となりました。

この会見の根本的な間違いはそもそもどこにあったのでしょうか。

旧ジャニーズ事務所や会見の運営を任された「FTIコンサルティング」が理解できていなかったのは、民主主義社会において「記者会見とはそもそもどういうものか」という根本的な理念についてであり、加えて国際標準の会見の実態に関する具体的な知見だったでしょう。

記者会見とはそもそも会見する側（政治家や行政庁や大企業など何らかの「権力」を持っている側）が一方的に言いたいことを述べて終わる場ではありません。また一人の記者が複数の質問をするのを禁止したり、厳しい質問をする記者を意図的に遠ざけたりするための場でもありません。さらには問題の本質に迫らない生ぬるい質問だけを許しながらあくまで権力側のペースで「整然と秩序立ててスムーズに会見を進行させる」ための場でも断じてありません。

他方、「権力者の行うことはすべて悪だ」と最初から決めつけてけんか腰で相手に質問を繰り出す場でもなく、自らの主張を長々と語ったり「権力を追及する」自らの姿勢に自己陶酔しているのではと外部から受け取られるようなふるまいを繰り返したりする場でもないのです。

権力者を一方の当事者とする記者会見とは本来、国民の「知る権利」を負託された記者がことばを使って権力者と真剣勝負を行う場です。また何らかの問題が発覚して釈明を迫られている権力側に対し、権力者との間で単独で行われる「ウラの取材」を別にすれば、記者が「問題の真相」に迫っていくための「オモテの取材」における重要なプロセスの一環でもあります。さらには権力者が自発的には語りたがらないネガティブな情報を含む内容や思惑に対し、記者が本質を衝いた質問をその場で重ねていくことでそれらに迫って何とか引き出そうとする「闘いの場」であり、記者が自分の実力と主体性と問題意識のレベルを試される場でもある。そうである以上、旧ジャニーズ事務所が会見のルールを勝手に決めてメディアをコントロールしようとしてもできないのはあたりまえの話です。

質問を制限して得られる「全体の公平性」は「ニセの公平性」にすぎない

一〇月二日の記者会見に臨んだ背景について、FTIは先述の一〇月一〇日付の文書の中で「FTI(特に記者会見業務の担当者)」としては一〇月二日の記者会見は「限られた時間内で、ジャニーズ事務所に再発防止策等を説明させるとともに、ヤジ等の不規則発言等により質疑応答の進行が無用に妨げられることなく、できるだけ多くの記者からの質疑に十分に回答できるようにする必要があった」などと説明しています。これを受けて司会者は冒頭「なるべく多くの方からご質問いただけますよう一社一問でお願いします」などと要請しました。記者会見の運営を任された側としては「全体の公平性」の確保を何より重要視していたとも受け取れる内容です。

しかしここで何より大事なポイントは、繰り返しになりますが旧ジャニーズ事務所はその元トップが、事務所に所属する子どもたちに性加害という重大な犯罪行為を長年にわたって行ってきた当事者企業であり、記者からの様々な質問に対して(たとえそれがどれだけ厳しい内容であろうと)真摯に答えなければならない立場に立たされているという厳然たる事実です。

その点を踏まえれば「一部の記者の長々とした質問で時間を取られる事態は避けたい」「会場の使用時間に限りがある」などの理由で記者の質問回数を制限するなどの行為は論外な上に、質問者の数だけを増やして確保されると事務所側が考えた「全体の公平性」はせいぜいが「見せかけの公平性」か「ニセの公平性」にすぎないといわざるをえないでしょう。

なぜなら記者の最初の質問に対する相手の答えが不十分であったり問題があると感じたりした場合、記者はさらに掘り下げた質問をその場で相手に投げて本音に迫っていかなければ事の真相にたどり着くことは絶対にできないからです。そして忖度抜きに「ほんとうのことを解明していく場」として本来の記者会見はあります。その意味でも一人の記者に認める質問の数を制限することで「全体の公平性」が確保されるなどという理屈はジャーナリズムの本質を理解していない者の詭弁に他なりません。「更問《さらとい》禁止」は悪い冗談の域を出ない話でしょう。

「ルールを守っていく大人たちの姿を見せたい」？

一〇月二日の記者会見にはさらに気になった点がありました。

「NGリスト」を作成した「FTIコンサルティング」は、会見の進め方について事前に旧ジャニーズ事務所側と打ち合わせていたことを認めていますが、その際NGリストを見たジャニーズアイランド(現Annex)の井ノ原快彦社長は「これどういう意味ですか？　絶対当てないとダメですよ」と発言したといいます。けれどもその井ノ原社長は会見の場で、従来からメディアを半ば強権的にコントロールしてきた旧ジャニーズ事務所が一方的に取り決めた会見ルールをめぐって会場が紛糾すると、「こういう会見の場は全国に生放送で伝わっておりまして、小さな子どもたち、自分にも子どもがいます。ジャニーズジュニアの子どもたちもいますし(中略)ルールを守っていく大人たちの姿をこの会見では見せていきたいと僕は思っていますので、どうか、どうか落ち着いてお願いします」と記者をなだめ、拍手を浴びました。「神対応」と絶賛する声もSNSに上がりました。

しかし、「ジャニーズ事務所に入って芸能界で活躍したい」という子どもたちの素朴な夢につけこみ、会社の元トップが極めて深刻な性加害を事務所の多くの子どもたちに行ってきた問題の責任を問われている会見で、「一部の記者が無秩序な言動を繰り返した以上、質疑応答の進行をより整然と秩序立てて進める必要がある」との理屈で加害企業である事務所側が勝手に決めた会見ルールをめぐってもめる記者たちに対し、あえて「子ども」に言及した上で、「ルールを守っていく大人たちの姿を見せていきたい」と求めることで事態の鎮静化をはかろうとした井ノ原社長の姿勢には違和感を覚えた人も少なくなかったのではないでしょうか。

この点について、『フランス・ジャポン・エコー』編集長で仏フィガロ東京特派員のレジス・アルノーは「井ノ原は、ジャーナリストを黙らせるために、あるいは会社の想定したとおりに会見を進行させるために、「子ども」を利用した」と指摘しました。また「何十年もの間、井ノ原とジャニーズ事務所の幹部たちが最も遵守してきた〝ルール〟は「オメルタ（マフィアによる沈黙の掟）」だった。創業者が何百人もの子どもやティーンエイジャーに性加害を行っていたのを、「うわさでは聞いたことがある」として、それを知ろうとすることを避けてきた。井ノ原やジャニーズ幹部がこれ以上口にしてはいけない言葉があるとすれば、それは「子ども」ではないだろうか」と述べてジャニーズ側の対応を厳しく批判しました。(11) さらにアルノーは、井ノ原発言に対して一部の記者が抗議するどころか拍手喝采を送ったことを取り上げ、「今回の会見は日本の主要メディアの最悪な部分を暴露したのだ。つまり、記者たちは生やさしい質問をするだけで国民の知る権利の役に立たないだけでなく、同時に同胞であるはずのジャーナリストが質問しようとしているのを邪魔する」として記者会見における日本の記者の姿勢も批判しました。重要な指摘だと思います。

一七％vs.九一％

テレビ局や新聞社、雑誌社などメディア企業に勤める人たちが何度でも立ち返って直視すべき数字があります。一七％vs.九一％がそれです。

メディアと信頼の問題を世界中で幅広く調査している英オックスフォード大学ロイタージャーナリ

ズム研究所が二〇一九年に発表した「ロイター・デジタルニュースリポート」にその数字が掲載されています。[12] 四年前の数字ではありますが、問われている本質はいまも変わってはいないか、さらに悪化しているかもしれません。このリポートによると、「ニュースメディアは権力を持つ人々やビジネスを監視していると思うか?」との問いに対し、「監視している」と答えた人々の割合は日本の場合、調査対象三八カ国中最低の一七%でした。ところがこの数字を、ジャーナリストを対象にした別の調査と比べてみると、日本ではダントツの九一%のジャーナリストが「権力監視は自分たちの重要な仕事だ」と回答したといいます。

ジャーナリストの自己評価の高さ(=甘さ)と人々の評価の低さ。この落差こそが「メディア不信」や「報道不信」を生んでいる様々な問題の根っこにあるということを、メディアで働く多くの人々は意識すらしていません。だからこそ現実には権力者にすり寄る「御用メディア」によって権力者が発表したままを伝える「客観報道」が「大本営発表」のように垂れ流され、「メディアの「罪と罰」」と呼びたいような惨憺たる報道が繰り返されるのです。

ちなみにニュースメディアが「権力を監視している」と人々が最も評価した国はブラジルの五六%で、カナダが四九%、フランス四七%、アメリカ四五%、イギリス四二%、イタリア三三%、韓国二一%などでした。またジャーナリストが考える自らの権力監視の役割への認識度合と、「監視している」と受け止めた社会の側の評価の差が際立っていたのは日本以外では韓国(二一%vs.八六%)、アメリカ(四五%vs.八六%)などで、反対にイギリス(四二%vs.四八%)やドイツ(三七%vs.三六%)では大きな認識の差はみられませんでした。

他方、人々が「メディア不信」を募らせている原因の一端は、メディアが口先では「権力監視が仕事」といいながら、実際には「取材」という壁の裏側で権力者と馴れ合って記事や番組を作っているのではないかといった疑いを持たれているという点を含め、肝心の取材過程が「ブラックボックス化」していて外部からは一切見えないことにあります。

その点、記者会見は取材の舞台があらかじめ設定されていてテレビカメラも入っているため、見方によっては「取材過程があらかじめ可視化された空間」になっているともいえるでしょう。仮にそうとらえるとすれば、記者会見は記者が「権力監視を実際に行っている」姿を視聴者に見せる格好の機会ともなります。とはいえそんな感覚を持ったメディアは現実には存在せず、テレビ画面で人々が目にするのは「権力と対峙している」という緊張感を一ミリも感じさせないままに下を向いて黙々とパソコンに文字を打ち込んでいる記者の姿です。

しかし、記者会見場にいる記者が本来やるべき仕事は会見の一問一答をいち早くパソコンに打ち込んで上司であるデスクやキャップに報告したり、一秒を争って会見の記事を作って発信したりすることではありません。そうではなく、自ら手を上げて権力者に問題の根幹に迫る質問をしたり、厳しい質問を受けて一瞬たじろいだ権力者の表情を読み取ったり、別の記者が重要な質問を権力者に遮られた場合は関連質問をして「援護射撃」を行いながら物事の真相に迫っていくことです。

なぜなら、事件は記者会見場という現場で起きているからです。

では、記者会見における「国際標準」とは何でしょうか。

例えばテレビで時々中継されるアメリカのホワイトハウスで大統領や大統領補佐官が行う記者会見

を見れば明らかですが、そこには予定調和などは一切存在しません。大統領と対峙した記者は忖度抜きのことばによる真剣勝負を挑み、大統領の説明に納得がいかない場合は更なる質問をぶつけて本音を引き出そうとするあまり会見が時にヒートアップすることもごくふつうの光景です。その場には大統領と記者のやりとりには目もくれず黙って下を向いて最初から最後までパソコンを打ち続ける記者などはいません。大統領は本当のことをいっているのか、あるいは事実をねじ曲げたり質問をはぐらかせたりしてはいないか、ことばの裏に隠された思惑は何か。大統領のすべての言動を見逃すまいと、出席した記者の誰もが必死の表情で記者会見に臨んでいる様子が画面からは見て取れるでしょう。また英国の公共放送であるＢＢＣの記者が政治家を取材する際に見せる厳しい姿勢も日常的な光景です。

つまりは権力者に対する忖度抜きに緊張感のある厳しいやりとりがごくふつうに繰り広げられるということ、それが記者会見時の国際標準の平均的な姿ということになるでしょう。

性加害問題をめぐるメディア各社の検証は極めて不十分だ

さて❺の「そのメディアは自らの報道を厳しく自己検証してその結果を発表しているか？」です。新聞社やテレビ局、雑誌社などは長年にわたってこの問題を見過ごしてきた責任をいま厳しく問われています。一九八〇年代に元タレントが手記を出版したり、『週刊文春』が報じた記事をめぐってジャニーズ事務所などが発行元の文藝春秋を訴えた裁判で「セクハラ」があったとする記述を真実と認める判決が東京高裁で出されて二〇〇四年に最高裁で確定していたにもかかわらず、日本の多くのメディアはＢＢＣが二〇二三年三月にドキュメンタリーを放映するまでまともに向き合おうとはしてきませんでした（日本語版はユーチューブで公開されている）。その点を批判されているのです。

ところが新聞社やテレビ局などがその後真摯な反省を踏まえて自らのこれまでの報道について十分な検証報道を行ったかといえば、検証はいずれも表面的なレベルにとどまっていて、本気で検証作業に取り組んだとは言い難い極めて不十分な内容にとどまっています。

各社の検証番組や検証記事では「問題の深刻さや影響の大きさが十分に認識できていなかった」「とりわけ男性への性加害という問題に対する認識が不足していた」などの似たような文言が並びましたが、そこには自社が「なぜ問題に気づきながら長年にわたって放置してきたのか」という疑問に答える本質的な部分が欠落していました。「権力を持っていた旧ジャニーズ事務所にどんな忖度を行ったのか」「当時の関係者は具体的にどんな関わりをしていたのか」「実質的に人権問題よりもビジネスを優先させたのではないか」などの点をめぐり、過去に関わったすべての関係者に聞き取りを行うなどして問題を深く掘り下げ、その上で具体的な再発防止策を打ち出すまでの検証を行ったメディアはまだ一社も現れてはいません。

この点について、評論家の荻上チキが所長を務める一般社団法人「社会調査支援機構チキラボ」は一一月八日に東京都内で記者会見し、外部専門家による特別チームの調査報告書の中で背景の一つに「メディアの沈黙」が指摘されたにもかかわらず、テレビ各局の調査が不十分だとしてＮＨＫや日本民間放送連盟、日本雑誌協会などに対し、メディア各局が協力して横断的な調査を行うよう要望することを明らかにしました。

検証報道はなぜ表面的なものにとどまるか

性加害問題をめぐるこれまでの自社の報道に対して各社なりに反省をしたはずの検証が不十分なレベルにとどまっているのはなぜか。そこには、自らの組織のOBが深く絡んだ問題を現役の社員が徹底検証することの難しさが浮き彫りになっているといえるでしょう。

なぜならOBと現役社員は仕事の面でも人間関係でも地続きのようにつながっているため、OBに対する聞き取りを厳しく行っていけばOBとその組織の関係が壊れてもめごとが起こる可能性がある上に、OBから仕事を直接引き継いだ担当者も現役社員の中にはいることから「厳しい批判の刃」はブーメランのように我が身に戻ってきて現在のビジネスに支障をきたしたり新旧経営陣の責任問題に発展したりする恐れが現実に出てくるからです。メディア企業の現経営陣には「面倒なトラブルは避けたい」「今のビジネスを優先させたい」などの思惑も強く、各社の検証チームは、「検証報道をしました」という体裁は整えつつそれ以上踏み込んだ検証は行わず、結果的には「おざなりの検証」で済まそうとしたとみられてもやむをえないでしょう。

他方、朝日新聞は二〇〇七年から二〇〇八年にかけて、朝日新聞を真ん中に据えて「戦争報道」を徹底検証した年間プロジェクトである「新聞と戦争」の連載を展開しました。そのプロジェクトで総括デスクを務めた筆者が実際に直面したのも同様の問題でした。

詳しくは第2章で述べますが、「新聞と戦争」は不祥事続きで危機的状況にあった朝日のジャーナリズムを緊急避難的に立て直すため、編集局長・ゼネラルエディター(GE)に抜擢された外岡秀俊が当時の会社幹部と掛け合って局長就任の条件として認めさせた会社全体のプロジェクトであったにもかかわらず、取材班が戦時中に戦争礼賛報道を行ったＯＢらへの聞き取りを始めようとすると、一部の幹部社員らは「なぜ今さら、何の権限があって過去の古傷をほじくり返すのか」などといって取材班に圧力をかけてきたからです。これに対し「新聞と戦争」取材班は一歩も引かず、病院に入院していたＯＢへの取材も医師の了解を取り付けてから医師と看護師の立ち合いのもとで行いました。「あなたはなぜあの時、戦争礼賛の報道をしたのですか？」。ＯＢらの人権やプライバシーなどには当然配慮しながら慎重に聞き取りを進めましたが、病床の身にはその質問はあるいはきつかったかもしれません。でもそこまで厳しくやらなければ「徹底検証」とはいえず、「検証報道はうわべだけのニセの検証報道になってしまう」という危機意識が取材班と外岡にはあったのです。

そうした実体験からいえることは、先輩―後輩、現役―ＯＢといった組織内部の人間関係のしがらみに対しては自ら退路を断つ覚悟ですべての忖度を捨てることで乗り越えつつ、一切の妥協のない厳しい姿勢で検証作業に全力で取り組まなければ「問題の真相」にたどり着くことは到底できず、またＯＢらの具体的な関与のディテールにまで深く踏み込んで掘り下げない検証は「検証」の名には値しないということです。さらにその一線を突破しなければ再発防止策を含めてその組織が未来に活かすための具体的な教訓をつかみ取ることも難しいといわざるをえないでしょう。

だからこそ、過去の報道に対する自らの説明責任を十全にはたさないままにメディア各社が検証を終えてはならないのです。他者に対しては説明責任を厳しく求めるにもかかわらず、いざ火の粉が自分に降りかかってきたら自らの報道を検証の俎上に載せ、他者に要求するのと同程度の厳しさで検証していくだけの見識や覚悟がないようでは「ダブルスタンダードだ」との批判を免れるのは難しく、そのメディアが行う「検証報道」に対する人々の信頼もなくなってしまうでしょう。

要は、メディア各社は自らの「説明責任」に関する「信頼性」の根幹そのものが人々からいま問われているのだということを改めて認識する必要があるということです。

メディア各社は具体的な「記者クラブ改革」に挑め

国際標準に遠く及ばない「ニセの記者会見」を日本中に蔓延させた責任の一端はメディア側にもあるのは明らかである以上、メディア各社は「あるべき記者会見の姿」を取り戻すための具体的な作業に今すぐにでも取りかかるべきです。

記者会見改革に向けた取り組みは過去にも何度かありました。例えば新聞労連は二〇一〇年三月、「記者会見の全面開放宣言　記者クラブ改革へ踏み出そう」と題する文書を発表しました。それはこんな呼びかけの文章で始まっています。[13]「「新聞の危機」が拡大しています。（中略）しかし、危機の時代にあっても、市民の知る権利に奉仕し、権力を監視する新聞ジャーナリズムの意義はいささかも薄れてはいません。むしろ逆境にいるからこそ、後ろ向きにならず、改革すべきところは改革し、新聞再生に努めることが求められています」。宣言はそう述べた上で、まずは「記者クラブに所属していない取材者にとってニーズが強く、記者クラブ側にとっても取り組みやすいと思われる記者会見の全面開放をただちに進めることから始めましょう」としています。

当時、新聞労連委員長だった現朝日新聞編集委員の豊秀一は月刊『Journalism』（同年八月号）の中で、

「私たちが三月に「宣言」を公表したのは、記者クラブが抱える問題をこれ以上放置し続ければ新聞そのものの危機につながりかねないと考えたからだった」と述べた上で、新聞労連が一九九四年と二〇〇二年にも記者クラブ改革の提言を取りまとめたにもかかわらず「閉鎖性・排他性という現実がほとんど変わっていない」ことに言及しながら「記者会見の全面開放」を目指す考えを強調するに至った経緯を説明しました。

新聞労連のこうした改革に向けた具体的な取り組みは貴重なものではありましたが、その後記者会見の開放に向けた現実の動きがこの国で起きたかといえば、一部には変化が見られるものの、全体的には「閉鎖的で排他的」な状況は大きくは変わってはいないといわざるをえないのが現状です。

しかし、旧ジャニーズ事務所による会見をきっかけに逆照射されている記者会見や記者クラブの問題を今回もこのままやり過ごしてしまえば、メディアに対する人々の不信感はいっそう深まり、長い目でみればまわりまわってメディア各社の経済的な存立基盤をも脅かしていく事態になっていくことだけは間違いないでしょう。

国民から「知る権利」を負託されているメディアの記者として、あるいはメディア企業の経営者として、この国の民主主義を機能させるためにも「閉鎖的で排他的」と長年にわたって厳しく批判されてきた記者会見や記者クラブの改革に勇気をもって挑戦するのか、それとも旧ジャニーズ事務所の元トップによる極めて深刻な性加害問題の時の対応と同じように見て見ぬ振りをしながら今後も問題の隠蔽に加担し続けるのか。いま問われているのはメディア各社の経営者や現役の記者一人ひとりの覚悟です。

一九九四年提言をまとめた冊子に元共同通信編集主幹の原寿雄が寄せたことばを月刊『Journalism』二〇一〇年八月号から引用する形で紹介したいと思います。

「「記者クラブは、国民の知る権利実現のために、権力機構の中に築かれた民主主義の橋頭堡である」
――こう公言できるのはいつの日か。最後は記者たちの心構えである」

メディアは間違えたらごまかさずに「訂正・おわび」を積極的に出しているか?

❾について解説します。もとより報道は正確さが命です。報道現場では間違いをゼロにしようと努力しますが、締め切り時間が容赦なく迫る中、記者の不注意や思い込み、判断ミスなどの要素をすべてなくすのは難しいものです。

問題は、間違えた後のメディアの姿勢と対応です。そのメディアが「ホンモノ」かを見極めるためのポイントは、「間違えた」という事実をごまかさず、速やかに「おわび」や「訂正」を出しているかどうかです。「おわび・訂正」欄は実はメディアと社会をつなぐ貴重な「信頼」の回路であり、そのメディアが拠って立つ根本理念を外から感じとることのできる「窓」でもあるということです。

この点については第2章で詳しく紹介しますが、先述の外岡が編集局長・ゼネラルエディターだった時、誤報を出すにいたった記者やデスクを笑顔で励まし続けた際の彼のことばを紹介したいと思います。朝日新聞の戦争責任を徹底検証する企画「新聞と戦争」を製作する過程で、総括デスクとして紙面に責任を負っていた私自身が勇気をもらったことばです。

「歴史問題をこれほど深く突っ込んで書いているのですから、訂正が出て当たり前です。訂正を出

すことに一切ためらわないで下さい。訂正を出すことは恥ずかしいことでも何でもありません。むしろ、訂正をどんどん出して下さい」

そして最後の⑩です。

「言論の自由はいかに大切か」をメディアが偉そうに説いたとして、当のメディア内部に自由にものが言い合える「言論の自由（内部的自由）」がなければお話になりません。なぜなら部下の言動に圧力をかけ続けるような上司がいるメディアが「言論の自由」を守っていけるはずはないからです。別のことばでいえば、社内で民主主義が実質的に機能していなかったり、そもそも「社内民主主義」自体が存在していなかったりするのに、社外で民主主義のために戦っていけるわけがないのです。その意味で、外から見て外部に社員の声が漏れてこないメディアこそ危ないといえるでしょう。

先述したように岸田政権は二〇二二年一二月に戦後の安全保障政策を大転換する閣議決定を行いましたが、この国が今後戦時体制に向かっていくと仮定した場合、権力側は関連法規の整備を進めながらメディアに対する言論統制を一気に強めていくでしょう。そんな言論統制が貫徹した戦時下の朝日新聞社の社内はどんな雰囲気だったか。

その点をめぐり、「新聞と戦争」班がジャーナリストのむのたけじと、むのと同じ東京本社報道第二部（社会部）に在籍していた岸田葉子のお二人に話をうかがったことがあります。むのは「負け戦を勝ち戦のように報じて国民を裏切ったけじめをつける」として一九四五年の敗戦を機に朝日を退社し、戦後は故郷の秋田に戻り週刊新聞「たいまつ」を創刊して反戦平和を訴え続けた方です。

「社内では、軍の尻馬に乗って軍国主義を主張する記者は、いても一〇人中一人未満だったと思う。

九人は、全滅を玉砕と書くのはおかしいという気持ちを持っていた。問題は、それを紙面で表現できなかったことだ」。むのはそう語りました。「社内では、戦争への批判的な思いを自由に記者同士で語っていたのですか」と記者が尋ねると、むのは「できなかった。たとえば私と岸田さんの二人でなら、腹を割ってしゃべれる。ところがそこへだれかが来ると、できなくなる」と当時を振り返りました。そしてこう付け加えたのです。

「三人以上だと、後で情報が漏れた場合、だれが漏らしたのかと疑うことになるから。だから、三人以上が集まって大事な問題をしゃべるということはずっと、新聞社内では行われていなかった」

相手次第ではあるが、二人までなら本音で語り合える。それが三人になると、自分以外の二人のうちどちらかが自分のことを密告するかもしれないと疑心暗鬼に陥り、何も話せなくなってしまう。仮にこの国が今後戦時下のような体制になったとしても、ほんとうの議論ができるようにしておくためには何が必要か。いまのメディアに突きつけられた重い課題です。いずれにせよ、平時における社内言論の自由がいかに大切かを逆照射するようなエピソードで、それを厳しく統制しようとしているメディア企業の幹部には猛省を促すしかありません。

鹿児島県の屋久島沖で米軍の輸送機ＣＶ22オスプレイが二〇二三年一一月下旬に墜落した事故をめぐる一連の報道は、この国のメディアに巣食う「自発的隷従[14]」(フランスの法律家エティエンヌ・ド・ラ・ボエシ)とも呼ぶべき、大きな権力を持った側からの圧力にはめっぽう弱く素直に隷従するという脆《ぜい》弱《じゃく》体質の一端を図らずも露呈する結果となりました。

「最後の最後までパイロットが頑張っていた」からオスプレイは「墜落」ではなく「不時着水」し

たのだと米軍や日本の防衛省が説明すると、「エンジンが火を噴いて爆発した」などの生々しい目撃証言があったにもかかわらず、「客観的な情報やデータを集めて自律的かつ主体的に判断する」という基本姿勢を事実上放棄して権力側の報道統制的な言動に従うテレビ局が現れたからです。

その後もオスプレイの飛行停止をめぐる日本政府の「迷走」ぶりを見ていると、日本における米軍に対する特権的な権利を認めた日米地位協定や日米合同委員会の存在が壁になっているとはいえ、「はたして日本は独立した主権国家なのか、それともアメリカの事実上の「属国」なのか？」という根源的な疑問を人々に改めて抱かせることにもなりました。

「新たな形の大本営発表」体制とも呼ぶべき権力側にすり寄る動きがメディア内部で音もなく進行しているいま、「市民の側に立つ・市民のための公共メディア」として生まれ変わり、市民のために報道していくという覚悟を日々実践していくということが日本のメディアにほんとうにできるのか。あるいは権力を持った者の顔色を絶えずうかがいながら自己保身と組織防衛に終始するのか。メディアが自己変革を遂げるまでの猶予時間はもうあまり残されてはいません。

（1）　山岸俊男『信頼の構造　こころと社会の進化ゲーム』東京大学出版会、一九九八年、まえがき。
（2）　Bundled: Inside The New York Times' revenue growth strategy, PressGazette FUURE OF MEDIA, August 14, 2023　https://pressgazette.co.uk/paywalls/new-york-times-bundle-revenue-growth-strategy/
（3）　海老坂武『サルトル　実存主義とは何か――希望と自由の哲学』NHK出版、二〇二〇年、二五頁。
（4）　I・F・ストーンの生涯はMyra MacPhersonの『ALL GOVERNMENTS LIE!—The Life and Times of Rebel Journalist I. F. STONE』(Scribner, 2006)などに詳しい。

（5）調査報道については、スローニュースが始めた会員制コミュニティ「SlowNewsメンバーシップ」を推薦します。月額五〇〇円の「購読プラン」、月額一〇〇〇円の「プレミアムプラン」があります。
（6）斎藤茂男『事実が「私」を鍛える（ルポルタージュ日本の情景11）』岩波書店、一九九四年、七六〜七七頁。
（7）同、七七〜七八頁。
（8）同、五六頁。
（9）原田正純『水俣への回帰』日本評論社、二〇〇七年、一七三頁。
（10）城俊雄「ニューヨーク・タイムズ政治エディターに聞く」月刊『Journalism』二〇二三年一月号、朝日新聞社、九頁。
（11）レジス・アルノー「「井ノ原氏に拍手」に感じた日本メディアのヤバさ　一回目の会見と決定的に違ったポイント」『東洋経済オンライン』二〇二三年一〇月四日　https://toyokeizai.net/articles/-/706245
（12）https://reutersinstitute.politics.ox.ac.uk/sites/default/files/2019-06/DNR_2019_FINAL_0.pdf
（13）豊秀一「記者クラブをどう改革すべきか　新聞労連からの提言」月刊『Journalism』二〇一〇年八月号、四八〜五一頁。
（14）エティエンヌ・ド・ラ・ボエシ（西谷修監修、山上浩嗣訳）『自発的隷従論』ちくま学芸文庫、二〇一三年。

第2章

朝日新聞の最暗部にメスを入れる

――「空前絶後」の編集局長、その早すぎる死

ジャーナリスト・作家で、朝日新聞社で編集委員や東京本社編集局長・ゼネラルエディター（GE）を務めた外岡秀俊が二〇二一年一二月二三日、札幌のスキー場で心不全のため死去した。六八歳の早すぎる死だった。

二〇一一年三月に朝日を早期退職した外岡は、仕事の拠点を郷里の札幌に移した。その上で、フリーの立場で交番が貸し出す自転車にまたがりながら東日本大震災の被災地を取材したり、米英に短期滞在してトランプ米大統領を生んだ米国人の判断やEU（欧州連合）離脱を選択した英国人の心情を肌で感じ取ろうとしたりしていた。また出版活動も旺盛で、『震災と原発　国家の過ち』（朝日新書）や『3・11　複合被災』（岩波新書）を刊行したほか、ジョン・ダワー著『忘却のしかた、記憶のしかた』（岩波書店）も翻訳。さらに「中原清一郎」のペンネームで小説集『カノン』（河出文庫）や『ドラゴン・オプション』（小学館文庫）を出すなど精力的な執筆を続けていた。

新聞記者になる前に新進気鋭の小説家としてデビューをはたしていたのが外岡だ。朝日入社前年の一九七六年、東京大学法学部の学生だった外岡は小説『北帰行』を書いて文藝賞を受賞。それに先立つ七三年には小説『白い蝙蝠《こうもり》は飛ぶ』を東大教養学部学友会誌に発表して「銀杏並樹賞一席入選作」となった。その時使ったペンネームは「管走太郎」。読み方は「くだらんだろう」だ。大学時代はアメフト部で体を鍛えたり読書に没頭したりしたほか、時にはテントを背負って山歩きをした。ランタンを灯しての夕食時、「詩を読むから」と親友の澤田展人に告げてガルシア・ロルカやパブロ・ネルーダ、茨木のり子の詩を朗読したこともあった。

退職後、二〇一八年四月からは、札幌市南区にある「真駒内子ども食堂　みんなの子」にボランティアとして参加した。春から晩秋までは自転車で、真冬はバスに乗って真駒内に通った。毎月第三金曜日の午後三時に子ども食堂のスタッフの一人として集合すると、まずは隣のスーパーに食材を買い出しに行き、午後五時までのわずかな時間に六〇人分の食事をみんなで仕上げた。

「これは僕にやらせて。毎日やっているから自信がある」と話していたのがブロッコリーを茹でることだ。外岡は自前のタイマーできっちり時間を測り、毎回絶妙な口あたりのブロッコリーを仕上げた。またコールスローサラダも得意で、子ども食堂の定番としていまも残っている。子ども食堂共同代表の飯田澄子は「二時間の間に三品を手際よく作るのはほんとうに大変。でも外岡さんはとても優秀な作り手でした。それに子どもが大好きで、未来を担うものとしてとても大事に思っていました」と思い出を語った。

外岡秀俊(2017年9月，写真提供＝澤田展人)

朝日新聞社が二〇〇七年から二〇〇八年にかけて取り組んだ全社的なプロジェクトに「新聞と戦争」という企画がある。一九三一年の満州事変以降、敗戦を経て戦後の占領期までのメディアの戦争責任を、朝日新聞を真ん中に据えて徹底検証したプロジェクトだ。そのプロジェクトで総括デスクを務めた私は外岡と連絡を取り続けていて、亡くなる年の一二月初旬にもメールでやりとりを交わしていた。外岡の急死は、ほかの人たちと同様、まさに青天の霹靂だった。

外岡の存在と生き方は、ジャーナリズム関係者の内輪話としてではなく、危機的状況にあるこの国のメディアやニュースの信頼を憂える人々にとっても大切なヒントを与えてくれるのではないか。そう思い、この章では一人のジャーナリスト・作家にフォーカスしてみたい。

「どん底」だった朝日新聞

朝日新聞のＮＨＫ番組改変問題や長野総局記者による取材メモ捏造《ねつぞう》事件が相次ぐなど、二〇〇五年は朝日新聞が大きく揺れ、窮地に陥った年だった。会社存亡の危機を感じた朝日の幹部はその年の暮れに急遽《きゅうきょ》英国に飛び、「朝日のジャーナリズム」を緊急避難的に立て直すため、当時ヨーロッパ総局長としてロンドンに滞在していた外岡に編集局長就任を要請した。

この要請を、ところが外岡はあっさり固辞した。「マネジメントはやったことがないし、向いているとも思わない。部長もやっていない、デスクすらやったことがない」。

すると幹部は「マネジメントは別の人間がやるから、紙面のことだけやってくれればいい」と再度説得にかかった。そんな気がまったくなかった外岡は「それは無理です」と即答した。これに対し幹部は「これは業務命令だ」と威圧的な態度に出た。間髪を入れず、外岡はいった。

「それじゃ、(会社を)辞めさせていただきます」

外岡に断られ、困惑した幹部は「明日もう一日話をしたい」と粘った。その晩、外岡も朝日入社以来の日々を振り返り、じっくり考えてみた。自分は組合活動もしていないし、職場委員すらやっていない。会社にはそれまでいろいろなことをしてもらったが、会社のためには何もして来なかった、そんな思いもあった。そして考え抜いた末に外岡は覚悟を決めた。「どうせ局長というのは辞めるのが仕事みたいなところがある。それだったら引き受けようか」。

翌日、外岡は幹部に対して「期間は一年半。そのあとは海外に出してほしい」との条件をつけて就任要請を受け入れた。「それまで局長室に足を踏み入れたことは二、三回しかない」と話していた外岡。社内での人事上の上昇志向がゼロで、上司や会社に対する忖度を一切せず、看板コラムの「天声人語」を執筆してほしいという会社側の再三の要請も断り、さらにはデスクを含めた管理職経験もゼロだった編集局長が朝日新聞で初めて誕生した瞬間だった。

「とにかく重心を低くしてほしい」

悩んだ末に編集局長就任要請を受諾した外岡は、二〇〇六年四月から東京本社編集局長・ＧＥになった。外岡の在任期間は、第一次安倍政権の期間とちょうど重なっていた。それ以前から厳しい対立関係にあった安倍晋三が政権を発足させる流れになった時、外岡は編集幹部を集めた会議で各自に決意のほどを聞くとともに、自らの考えを伝えた。

「安倍さんが右だとかタカ派だとかいって攻撃するような「空中戦」はしないでほしい。そうではなく、とにかく重心を低くして、人々の暮らしや若者や医療が追い込まれてみんながどれだけ苦しい思いをしているかという事実に焦点をあてて報道してほしい」。そこには「僕らが伝えるのはファクトだけなんだという原点をはっきりさせたい」との思いが込められていた。

「引き受けた任期は一年半」ということは社内ではあくまで内緒にした。そして最初の編集会議ではこんな話をした。外岡がその後も折に触れて繰り返していたメッセージだ。

「これは自分について書いた記事だ」とみんなが思えるような新聞にしたい。だから現場へ行ってほしい。特に若い人が新聞を読まないのは、若い人について書いた記事が少ないからです。若者がいまどうしているのか、自分たちに身近なことを新聞が書かない限り、若い人は読んでくれない。しかも切実な問題を取り上げない限り、「新聞なんてよそ事を書いているだけ」としか思われない。だから重心を低くして、とにかく低く低く、物事を見るようにしてほしい」

四月二日の朝刊一面には「「気骨ある紙面」めざす」との見出しがついた文章を掲載した。「私たちは、ただ読者の信頼にのみ支えられ、権力を監視し、現場で自らを鍛え直すことを確認したい。（中略）おごらず、高ぶらず、ひるみもせず、めげもせず。この綱領の旗を掲げ、読者の皆様と共に歩む新聞作りを目指したい」と自らの率直な思いを文章に込めた。

紙面編集では連日陣頭指揮をとるとともに、動きやすいスニーカー姿で局長室を出て社内を走り回り、正式な会議の場では出にくい記者やデスクの本音に真剣に耳を傾けた。また月曜から金曜までは毎日夜の一一時か一二時まで局長室に残って紙面点検を続けた。

大好きだった酒は、ウィークデーは禁酒とし、宴席でも断った。「記者が全身全霊を注いで書き上げた原稿を、酔ったアタマで判断するのは申し訳ない」。そう考えたからだ。会社から自転車で五分の距離のマンションに部屋を借り、夕方のデスク会が午後六時ごろに終わると「食事に行きます」と断って外出した。だが実際はというと、その部屋でつかの間の仮眠をとり、体を休めていた。午後九時ごろには会社に戻り、再び深夜まで紙面点検を続けた。

新聞製作では朝刊も夕刊も締め切り時間に応じていくつかの版を作っているが、朝刊の最終版である一四版の一つ手前の一三版の刷り上がりを確認した時点で、外岡はマンションに引き揚げた。とはいえ、その後の一四版も自分のパソコンで確認する作業は怠らなかった。金曜の時点であらかたの方向性を決めていた土日の紙面についても週末に点検する日々を過ごした。

編集局長の役割とは何か。外岡はこう話している。

「僕の役割というのは、横、つまり編集局以外の販売とか広告とか、(そこから何かいってきたら)その盾になるということと、上からの圧力を止めると。その二つなんですよ、いちばん大事なことは。上から、横からの圧力に抵抗できない場合は辞めるしかない。辞めて抗議するしかないというのが局長の役割です。そこは徹底しようと思っていた」

「何かあったら辞めるつもりでいましたからね。抵抗して辞める場合は、ジャーナリストとしては筋を曲げるわけだから、そこはちゃんとジャーナリストとしては組織の中では終わりにすると。あとはフリーになるしかないというのが僕の考えだった。それは一貫していた」

一部の「面従腹背」社員は抵抗した

「現場の記者を守る。下から順に守っていく」。それも、外岡の大原則だった。記者について、「やるだけやって間違ったのであれば、その記者の責任は問わない」という姿勢を外岡は貫いた。何より現場の記者を大事にする、そんな姿勢が熱い共感を呼んで社内の人望を集めた外岡だったが、表面だけ従ったふりをするが内心では従わない「面従腹背」の者も一部にはいた。

編集局長在職中に外岡が「決着をつけなければ」と考えていた問題が二つある。その一つが、いわゆる慰安婦報道において「慰安婦を強制連行した」とする故・吉田清治の「吉田証言」問題であり、もう一つが「教科書問題」だった。この二つの問題を「きちんと検証したい」と考えた外岡は、関係各部のデスクに「これをやってほしい」と依頼したが「いくらいってもやってくれない」事態に遭遇したという。

「あるデスクが「やるんだったら半年ぐらいデスク職を外してもらわないとできないと思います」というから、「わかりました。(今のデスク職を)外してあなたを専任デスクにするからやって下さい」とまでいったんだけど」。そのデスクを含め、他のデスクや部長らも結局指示に従わず、検証作業を進めることを事実上拒否した。

外岡は紙面にのみ責任を持つ局長で、人事などのマネジメントを担当する局長は別にもう一人いた。局長という立場を部下にちらつかせて自分のリクエストに従わせる、そんなことから最も遠いところにいたのが外岡だ。人事権を持った上司の顔色をたえずうかがい、こびへつらう者も多くいる中、人事を担当しない外岡には苦労も多かったはずだ。また「外岡局長は一年半でやめるらしい」との情報が一部の部長やデスクらには漏れていて、「リリーフが去った一年半後」を見越し、社内における損得を計算して従わなかった者もいた。

編集局長として明確な指示を出しても、現場のデスクを始めとする関係部局がまったく動かず、従わないという異常事態。一体どうなっているのか、何度たずねても納得いく答えが返ってこなかった理由について、「その時はいったい何があるのか、正直にいってわからなかった」と当惑した外岡は退社後、問題をこう整理した。

「要するに、（二つの問題にかかわった）関係者が社内にいたから、（検証作業を始めると）その先輩を含めて「誰かが傷つく」ということなんだ。でも、それをやっている限りは（外部からの）朝日批判に耐えられないと思った。「朝日は嘘をつく新聞だ」みたいなことを政権がいう時に、「そうじゃないんだ、我々はこの点は間違っていたけれども、この点は譲れない」と、自分たちの守るべきところを示してファイティングポーズを取らないと戦えない。戦えなくなったメディアは必ずやられる（攻撃される）から、自分たちの弱点、アキレス腱はきちんと守って、「守る」ということは自分たちで検証するということだけど、それをきちんとしないといけないといったんだけど、だめでした」

とりわけ「吉田証言」については「はっきり虚偽だと思っていた。間違っていたなら、おわびをしなければならない。僕はずっとそのつもりでいた」と話していた。そんな外岡の指示に現場が従っていれば、二〇一四年に朝日新聞が壊滅的な打撃を受けることになる「朝日問題」もあるいは起きなかったかもしれない。が、すべては後の祭りだった。

なぜ「新聞と戦争」に取り組んだか

「歴史問題にきちんと向き合う新聞にする」。それが外岡本来のモットーであり、外岡イズムの「大原則」だ。そして編集局長に就任する条件として外岡が当時の幹部に認めさせた末に実現した企画が「新聞と戦争」だった。

外岡はある時こう語った。「私はやっぱりすごく大事なのは検証であり、結果責任・説明責任を考えることだと思います。マスコミが担うべき大事な機能はそこであり、マスコミが自らを検証できなかったらいったい誰が検証できるんだと思う。編集局長になった時、戦時下の朝日新聞の報道を検証する「新聞と戦争」の企画をやったのもそういう気持ちからでした」

年間プロジェクト「新聞と戦争」は二〇〇七年四月二日から週五日、夕刊(一部地域は朝刊)に連日掲載された。二〇〇八年三月末までの間、新聞連載は計二四三回に上った。それ以外に特集面を五回載せた。その後、二〇〇八年六月には連載をもとに単行本『新聞と戦争』(朝日新聞出版)が出版され、二〇一一年七月には上下二巻の文庫本『新聞と戦争』(朝日文庫)が刊行された。

朝日新聞をはじめとする多くのメディアは、自らの戦争責任を正面から問うことなく戦後を歩み始めた。それにはいくつかの原因が考えられるが、主な理由は戦争責任を追及した場合の矛先が先輩や上司に向かい、ひいては自らに跳ね返ってくるのを恐れたからだ。組織防衛と自己保身、それらが積み重なって社内の事実上の分厚い「タブー」となっていた。そのことが長年にわたって社外の、とりわけ右派や保守派などからの格好の「攻撃目標」にもなっていた。社内のそんなタブーや壁を突破して徹底的に検証してほしい——。それが外岡の願いだった。

取材班が最初の会合を開いたのは二〇〇六年一〇月二四日のことだ。取材班といっても、最初はキャップ役の藤森研(当時は編集委員)と私の二人だけだった。そこに連載を通じて四番バッターとなる上丸洋一(同)が加わり、この三人が中核メンバーとなって「鉄の結束」で難題に挑むことになった。

取材班には東京本社四階の「プロジェクトB」室が割り当てられた。窓もエアコンもない、ほこりくさい小部屋だ。オピニオン面を担当する次長だった私は「新聞と戦争」の総括デスクを兼務することになり、通常業務が終わると早朝から深夜まで部屋にこもって原稿と格闘した。

「連載は二〇〇七年四月二日の夕刊からスタートする」と告げられた。すべてが白紙の状態からプロジェクトを立ち上げることになったが、準備時間は五カ月しかない。いざ連載がスタートしたらウィークデーは毎週月曜から金曜まで一回の休みもなく原稿を出し続け、それを一年間にわたって展開していかなければならない。まずは書き手となる記者をどうやって集めるか、連載には何をどう盛り込むか、文章のスタイルはどうするのか、そもそも連載のタイトルは何か。考えるべきことは山のようにあり、一刻の猶予も許されなかった。

東京本社だけでなく大阪、名古屋、西部の各本社に声をかけた結果、中核となるメンバーの六、七人がほどなく決まり、これに随時応援組が加わるという基本的なフォーメーションが固まった。だがその時点で一九四五年の敗戦からすでに六〇年以上の歳月が過ぎていた。ある幹部は会議の場で「話を聞くべき「生き証人」を取材するにはすでに時遅しだ」とあからさまに先行きの不安を口にした。事実、戦時中の貴重な体験談を聞かせてくれたOBが連載途中で亡くなるケースも相次いだ。取材はまさに「時間との競争」だった。

だが、立ち止まって悩んでいる暇はない。過去の検証記事を読み返していて、それらがいずれも戦時中に記者が何をしたかをリポートする「記者もの」にとどまっていることに気がついた。とはいえ、もちろん記者だけが新聞製作に携わっているわけではない。取材対象をもっと広げていけば「生き証人」にたどり着く可能性も増えるし、「戦時中の新聞像」に立体的に迫っていけるのではないか。そう考え、取材班は旧友会名簿に基づいて販売、印刷・活版、写真、整理、企画、調査、総務、広告、航空などに所属していた元社員に向かって電話をかけ続けた。

他のメディアが手がけた過去の戦争報道検証記事を含め、戦争報道を振り返ったものはその時点ですでに少なからずあった。とはいえ、本気で自分たちの先輩の戦時中の報道を取り上げ、礼節はわきまえつつも当人に厳しく迫るやり方で自社の戦争報道のありようをギリギリ検証したものは一冊もなかったし、いまも存在しない。「新聞と戦争」班では、記者は時に医師の了解を取りつけた上で、医師と看護師の立ち合いのもと、病院のベッドで寝ていた高齢の元記者に対し、「あなたはなぜあの時、戦争礼賛の記事を書いたのでしょうか？」と迫った。そこまでやらなければ「徹底検証」とはいえない。取材班と外岡はそう考えていた。

「この連載は歴史をフィールドにした調査報道だ」

「検証にあたって、タブーは一切ありません」。外岡のスタンスは明快だった。ということはつまり、先述したような「先輩を傷つけない」という社内のある種の「伝統」には真っ向から抗い、衝突することを意味した。「何の権限でお前たちは朝日の「負の歴史」をあぶり出しているんだ」「相手は生きている先輩だぞ。今さら過去の古傷をほじくりかえすとは失礼ではないか」。社内の一部からはそんな批判や不満が出始め、取材班にプレッシャーをかけてきた。私は覚悟を決める必要があった。

「この連載は歴史をフィールドにした調査報道だ」と取材班に告げた。調査報道である以上、取材を進める中で集めた事実だけをもとに展開を考えるのは当然のことだが、その原則を徹底して守り抜く必要性を感じていた。そして部屋に置かれた小さな机を指さし、「この机の上にきちんと示すことのできる証拠や資料に基づいたものしか「事実」とは認めない」と宣言した。その上でその「事実」が掲載に値するか、「事実」を盛り込んだ原稿が歴史の検証に耐え得るかどうかは中核メンバーの三人で相互チェックすることで判断を重層的にすることとした。

なぜなら、ともすれば情報源との関係もあり、「大事な証拠や資料はデスクにも見せなくていい」といった風潮や、「お互いの信頼関係があればそこまで証拠の開示や説明を求めなくてもかまわない」といった馴れ合いの慣習が社内の一部にはあったからだ。「判断の重層化」は単独で判断する場合に陥りがちな思い込みや誤った判断を限りなくゼロにするためだ。ともに「専門性の陥穽《かんせい》（＝落とし穴）」にはまらないための措置でもあった。

余談だが、このやり方を採用していれば、激しい「朝日バッシング」が起きて社長が辞任に追い込まれるなど朝日新聞が解体的な出直しを迫られるに至った二〇一四年の「吉田調書」問題は決して起きなかっただろう。なぜなら、東京電力福島第一原発事故をめぐる朝日新聞の「吉田調書」報道では、朝日新聞の第三者機関である「報道と人権委員会（ＰＲＣ）」が見解で明らかにしたように「取材過程から記事掲載までにおいては、秘密保護を優先するあまり、吉田調書を読み込んだのが直前まで二人の取材記者にとどまっており、編集部門内でもその内容は共有されず、記事組み込み日当日の紙面最終責任者すら関連部分を読んでいなかったという問題点」が浮上したからだ。

話を戻せば、取材班に対しては原稿から記者の思い入れやイデオロギー、情緒的な部分をすべて排除し、クールに書いてほしいと要請した。外岡からはさらに「事実とデータをして語らしめ、客観描写に徹してほしい」「もし自分がその場にいたらどうしていたかを、つねに考えながら取材し、書いてほしい」というリクエストが出された。後者については「私たちは先輩を告発したり、過去を断罪して身ぎれいになったりするためにこの企画を始めるのではない。いま同じことが起きたら、記者個人としてどう生きるのか。その指針を過去にさかのぼり、教訓を探るために作業を進めてほしい」という趣旨だった。

連載のタイトルは、当初は「戦争とメディア」としていたが、やはり新聞社のことを中核に据える以上「新聞」の文字は欠かせないとの意見が強まり、シンプルに「新聞と戦争」とすることが決まった。夕刊に組み込む原稿のフォーマットについては、試行錯誤の末、「縦二二字×横五二行」で決着した。この行数は、メディアにとって歴史上の最暗部に切り込んでいくには短いようで長く、長いようで短い。だが決まった以上はこの書式のスペースで勝負するしかない。

テーマを決めた記者が、取材に集中的に取り組んで最終的に一本の原稿を仕上げるには最低でも三カ月ほどの時間が必要だった。それを五本揃えて、初めて一週間分の原稿が出来たことになる。だがそれらを月曜から金曜まで毎日掲載していけばストック原稿は当然ゼロに戻る。締め切りは連日容赦なくやって来る。その重圧は過酷ともいえるものだった。「原稿が間に合わない」。就寝中、そんな悪夢にうなされて夜中に飛び起きたことも一度や二度ではなかった。

当初の予想をはるかに上回る困難に直面したのが点検作業だ。一度は点検を終えて完成させた原稿でも、掲載日前日には何時間もかけて一字一句点検し直した。前日の校閲作業は平均で約一、二時間、長い時は三時間以上もかかった。その最終点検結果に、校閲のベテランである礒貝誠がさらに貴重な指摘をしてくることもたびたびあった。

「訂正をどんどん出して下さい」

そこまで点検に時間を費やしながらも、連載当初は間違いが相次いだ。外部からの間違い指摘の連絡が広報部に入るたび、その内容は直ちに取材班のもとに届けられた。そして「訂正を出す」と判断したら、まずは訂正を出すために必要な社内の書類を整えた上で、明日組みの原稿を、訂正原稿が載る分の行数を削って速やかに作り替えなければならない。そうした作業を進めつつ、総括デスクの私とキャップの藤森は訂正申し立て書類に局長印を押してもらうため、二人揃って外岡がいる局長室に「出頭」した。

自らが所属する組織の最暗部を可能な限り深く掘り下げる検証作業を進めながら、そのことによって同時に明日のジャーナリズムと朝日への「信頼」を取り戻したい。そんなアクロバティックな問題意識を内に秘めたプロジェクトでもあった「新聞と戦争」の紙面をあずかる立場でありながらも訂正を出すに至った申し訳なさで固まっている二人に対し、外岡はいつも笑顔だった。

「歴史問題をこれほど深く突っ込んで書いているのですから、訂正が出て当たり前です。訂正を出すことに一切ためらわないで下さい。訂正を出すことは恥ずかしいことでも何でもありません。むしろ、訂正をどんどん出して下さい」。社内の批判からの「防波堤」になり続けてくれた外岡はそういって毎回励ましてくれた。そのことばが取材班全体をどれだけ勇気づけてくれたか、計り知れない。

取材班は再び元気を取り戻して連載を書き継いでいく作業に没頭した。

訂正をめぐってはこんな出来事もあった。連載開始当初のことだが、連日、午後六時ごろになると間違い指摘が広報部から届くことが続いた。そのあまりにも細かい内容の指摘をチェックしていた私はあることに気がついた。「もしかして相手は朝日の大阪本社にしかない資料を見て確認しているのではないか?」。そう思えるような種類の鋭い指摘だった。

一年間に及ぶ連載期間を通して、右派や保守派などからの間違い指摘や訂正要求などのクレームはただの一件もなかった。だがこの相手は執拗で、私はこの相手のことを密かに「午後六時のスナイパー(狙撃兵)」と呼んだ。ある意味での「敵」は社外ではなく社内にいると実感した。「なぜここまで細かい内容の指摘をしてくるのだろう」。ある時、取材班の中で議論になったことがあった。結論はわからなかったし、あくまで推測の域を出ないが、「間違い指摘をして紙面に訂正を多く出させることで、このプロジェクト全体の信頼性を失わせようとしているのではないか」とメンバーは感じた。この「午後六時のスナイパー」からの指摘はなぜか、「新聞と戦争」の評判が社内外で上がり始めた夏以降、パタリと止んだ。

朝日新聞の地下には軍需工場があった

連載「新聞と戦争」は戦時中の戦争報道をめぐるいくつもの新たな事実を発掘した。以下は朝日文庫の『新聞と戦争』(上下巻)から適宜引用する形で内容を紹介していきたい[1]。

第一六章「護国第4476工場」では、朝日新聞中部総局(現名古屋本社)の地下に、朝日の整版技術を転用した航空機関連の軍需工場があったという事実を塩倉裕記者(現編集委員)が突き止め、明らかにした。「私は、その工場で働いていた」。そう証言する元朝日新聞社員に、二〇〇七年の春から秋にかけて話を聞くことができた。元社員は工場についての詳細な証言を残した後、二〇〇七年一一月に他界した。生前、この元社員らが取材に明らかにしたことによると、中部総局の地下にあった工場では、「写真に似た技術を使って、軍用機の機体や部品の設計図を、実寸大に拡大複写していた。飛行機の組み立てに使う型紙のようなもので、製品は近隣の航空機工場に送っていた」。それは「新聞製作上の技術が、兵器生産に転用された」ことを意味した。

記事は一九四四年秋の入社式で当時の朝日新聞社長、村山長挙が新入社員を前に訓示した内容にも言及した。「「朝日新聞の使命というものは、この戦争に勝ち抜くために総《すべ》てを捧げるということに尽くされてあるのであります」。同年三月の朝日新聞社内報は、朝日の全従業員が次のような信念を堅持している、と誇っていた。「新聞も兵器なり」。もし新聞と兵器が同じなら、新聞を作ることと兵器を作ることの間の違いは、なくなる」。

塩倉は「新聞と戦争」のプロジェクトがすべて終わった後も取材を続け、二〇二三年四月一一日に「軍用機の図面創り、戦時中に担う　朝日新聞で社内資料発見」という特ダネ記事を朝日新聞に出した。一九四四年から一九四五年にかけて、先述したように、朝日の名古屋本社の地下で軍用機の制作用図面として使われる特殊な「写真乾板」を生産していたことを裏づける資料一七点が社内で見つかったという内容の記事だ。塩倉から問い合わせを受けた社史編修センターが改めて調べ直し、二〇〇七年から二〇〇八年の時点では見つからなかった社内文書を発見した。

第八章「社論の転換」は四つのパーツに分けて構成した。一九三一年九月一八日に起きた満州事変については、当時現地にいた朝日新聞社奉天（現瀋陽）通信局長らを軸に描いた。「その時、朝日新聞奉天通信局長の武内文彬《あやよし》は、風呂に入っていた。妻の叫び声がした。「アナタ電話です、国家の一大事だそうです、お風呂どころの騒ぎじゃないそうです……」」。武内が現地から発した一報は、一九日午前七時発行の号外に載った。一八日の様子を記事はこう描く。

「満鉄が爆破されたとの一報を受けた三一年九月一八日深夜、奉天通信局員の「K君」が自動車で駆けつけてきた。武内はK君とともに快哉を叫ぶ。

「イヨイヨやりよったネー」

「とうとうやりましたネー」

戦後の証言では、武内は、関東軍がその日に行動を起こすことまでは知らなかったという。ただ、「これはどうも臭い」とにらんで、何事か起きる「覚悟」はしていた」

戦後の一九七五年、武内がテレビのインタビューに答えた内容について、記事はこう伝えている。「「満州事変というものが起こらなかったら日本はつぶれているんです」「やっぱり石原さんと志を同じうして満州事変をやったということは、非常な幸福であったと思うんですよ」」。「石原さん」とは、関東軍参謀として謀略を主導した石原莞爾のことだ。口ぶりからすると、記者活動を通じて事変の一翼を担ったと元奉天通信局長は考えていたようだ、と記事は伝えた。

満州事変から四四年の歳月が経過しても、元奉天通信局長は戦争報道に加担した過去の事実を一切反省せず、「非常な幸福」ということばを使って高揚感にひたっている様子がうかがえる。そこに、メディアと軍部の距離が「ゼロ」になり、一体化して戦争を煽った当時のメディアの異様なありようがくっきりと浮かび上がる。そんな記者も朝日にはいたのだという事実を、記事はありのままに淡々と描いた。

「情報局の検閲にたよることなく、自分自身が完全なる検閲官であれ」

戦時下のメディアは軍部に対し消極的に協力していたのではない。むしろ率先して軍部の意向を付度し、その思惑に沿うように自らと自らの組織を「改造」して戦争推進の旗を積極的に振った。

元ＮＨＫ放送文化研究所研究員の大森淳郎は『ラジオと戦争　放送人たちの「報国」』の中で「あの時代、日本放送協会職員は、決して「仕方なく」ではなく、全身全霊をかけて戦争協力したことを忘れてはならない。ニュース、ドキュメンタリー、ドラマ、音楽芸能、あらゆるジャンルの報道現場で、どうすればより効果的に国民を戦争に動員できるか、懸命に考え実践していたのである」と指摘しているが(2)、朝日新聞を始めとする新聞各社も同じだった。

『新聞と戦争』第二一章「戦時統制」では、三七年に日中戦争が始まって以降、政府と軍によって国内が戦争体制に急速に変質させせられていく中で、「手も足も出なくなった」朝日新聞がついに「窒息」させられていくプロセスを詳細に描いた。

一九四一年一二月八日に日本が米英と戦端を開くと、海軍から「第二九二号」「(午)前九時四十分」と記された文書が届いた。そこには「報道部発表以外は書かぬよう」とだけ書かれていた。軍からの戦況発表は「大本営発表」と呼ばれた。大本営とは、作戦や用兵を命じる、戦時の中枢機関。陸軍部と海軍部があり、それぞれの報道部から大本営発表がなされた。

約三年八カ月に及ぶ太平洋戦争下での新聞報道がこうして始まった。

当時整理部員だった加藤万治は報道統制にかかわる社内文書を一六〇点以上も遺していた。その資料の中には「記事差止事項一覧表」と題した冊子があった。作成者は朝日の「東京本社整理部査閲課」となっていた。B6判、四八頁からなる印刷物で、表紙には「秘」と印刷され、約四〇〇件に上る差し止め事項が書かれていた。内容は「政治関係」「経済関係」「陸軍関係」「社会(防空・防諜)関係」「皇室関係」など一一の分野に分けられ、事細かな禁止や注意が並んでいた。

査閲課とは一九四一年七月に朝日新聞が各本社の整理部内に設けた「記事検閲を専門とする」部署で、後に査閲部に昇格した。「一覧表」は、当局から示された膨大な禁止事項を査閲課がまとめた冊子とみられた。査閲には二〇人前後が名を連ねていた。権力側に問題視される新聞紙面が出ることを内部で未然に防ぐ目的で作られた組織で、新聞の発禁処分を避けるため、同僚の原稿を削ったり検閲当局に原稿を届けたりするのが仕事だった。

朝日新聞の社内資料は査閲の責務についてこう説いている。「検閲側の立場に立ってというか、その心持ちになって、自社の原稿に目を光らさねばならない」。まさに社内に設けられた〝統制者の目〟だった。査閲課と整理部が社説記事を無断で修正したこともあったという。

四三年秋、朝日新聞社専務の原田譲二は、社内会議で記者たちに向けて訓示した。

「情報局の検閲にたよることなく、査閲に委《まか》すことなく、自分自身が完全なる検閲官でなければならぬと思うのであります」

「これは私自身がやりたかった仕事です」

「新聞と戦争」班の部屋にやってきた外岡が取材班に激励のことばをかけてくれたこともたびたびあった。その時の発言をメモしたノートが残っているので、一部を紹介したい。

「「新聞と戦争」は、私自身がやりたかった仕事なんです。小説と同じスタイルでノンフィクションをやりたかった。本当に、私はライターとしてこの企画に参加したい。これは初めての試みです。だからみなさん、楽しんでほしい。文章の書き方ひとつにしても、ドラマの展開をどう見せるか、どんな人間ドラマを描いていくか、司馬遼太郎さんだったらどう書くだろうとか。毎回の原稿の書き方はある程度は統一したほうがいいですが、書き手の個性がその都度出ていいと思います。この「新聞と戦争」を掲載している夕刊の枠は、ノンフィクションの大河モノを発表する場として定着させていきたいんです。そのモデルとなるような仕事をやっていただけたらと思います」

「戦争を経験していない、あとの者の特権として、昔のものを裁く。もっと当時の人々が置かれた状況や問題を考えてやらないと、ともいわれる。たしかにそういう面はありますが、我々と(戦争報道を実際に行った)彼らは地続きで、連動しています。時代があとになったから見えてくる光景もあるはずです。その問題を、いまの我々がどう引き受けていくのかということも考えながら書いていく仕事があっていいはずです」

「(「新聞と戦争」の連載が取り上げる)それぞれの問題に対する結論を出す必要はありません。(戦争報道に携わった)彼らだって、葛藤があったはずです。重い宿題を抱えた人がいたはずです。彼らは一人ずつみんな違っていたということが(連載全体を通じて)浮かんでくればいいと思います」

「メディアが権力の役割をチェックするということとともに、もう一つ、「世論の暴走をチェックする」という役割もあったはずです。それを忘れないでほしい。いま、権力を監視しきれているのか、我々は問われています。夕刊だけでなく、朝刊の特設面やオピニオン面も存分に使ってほしい。メディアの生理は、戦時中も今と同じです。それをありのまま描いて下さい」

二〇二一年一二月朝日新聞は、一二月八日で太平洋戦争開戦から八〇年を迎えるにあたり、朝日新聞デジタルで改めて「新聞と戦争」の一部を配信した。それに伴い、朝日は外岡に対し、当時この企画を発案した狙いやいまの時代に再読することの意義について改めて寄稿を求めた。「「報道責任」を問う」。そんな見出しがついた原稿の一部をここで紹介しておこう。

「今連載を再読して思うのは、メディアが自らの報道責任を問うことの大切さだ。「大本営発表」は、軍部だけが作り上げたのではない。軍部と一体化し、それを報じるメディアがあってこそ成り立つ「フェイク」だった。もし「フィルターバブル」と呼ばれる「情報分断」の時代にメディアが生き残ろうとすれば、自らの報道の誤りや見通しの甘さをそのつど検証し、読者や視聴者に説明することは欠かせない。その説明責任なしに、メディアへの信頼を得ることはできない。八〇年前の開戦は、けっして昔の話ではない。コロナ禍のさなか、メディア報道は「大本営発表」になってはいなかったろうか。あるいは、今は「戦後」ではなく、「開戦前夜」になってはいないだろうか。この連載を、そうした「空気」に対する「頂門の一針」としてお読みいただければ、と思う」

外岡は、「新聞と戦争」が単行本になった際に「はじめに」で書いた一文をここでも引用した。「この連載を始めたきっかけは、私が東京本社編集局長だった二〇〇六年に受け取った読者からの一通の投書だった。「私が小さな頃、祖父が口癖のように言っていたのを思い出します。朝日の論調が変わったら気をつけろ、と」。祖父の警告が、今回真っ先に配信される「社論の転換」、つまり一九三一年の満州事変を境に、軍部批判から戦争の翼賛に転じた朝日新聞の変貌を指すことは明らかだった」。

この投書にまつわる一つのエピソードを書いておきたい。二〇一一年七月に『新聞と戦争』上下二巻の文庫本を出版する編集作業を進めていた時のことだ。朝日新聞出版は私に対し、文庫に巻く帯の文言のチェックを求めてきた。上巻の帯の文言を一読して私は戸惑った。なぜならそこには赤く大きな字で「朝日の論調が変わったら気をつけろ」と書かれていたからだ。ちなみに下巻の文言は青字で「新聞は、あの戦争を正義だとうたった」だった。

「新聞と戦争」プロジェクトでリスク管理も担当していた私は、帯のことばがあまりにも強いインパクトがあるため、文中ならいざ知らず、それを特筆大書して自社の文庫のPRに使っていいものか一瞬判断に迷った。そこで外岡に相談すると、帰ってきた答えは明快だった。

「まったく問題ありません。それでいきましょう」

「私、局長辞めてもよろしいでしょうか」

「新聞と戦争」が準備期間を経て連載開始から三カ月経った二〇〇七年六月ごろのことだ。私が部屋で原稿をみていたところ、外岡がふらりと現れてこういった。

「松本さん、「新聞と戦争」も無事軌道に乗ったようですし、私は局長を辞めようと思っているんです。私、局長辞めてもよろしいでしょうか」

外岡があらかじめ「一年半」を自らの任期と決めて局長になっていたことを知らなかった私は焦り、

外岡を必死で止めにかかった。いま辞めてもらっては困る、「外岡局長」という重しがなくなった途端、このプロジェクトに対して社内で「バックラッシュ(揺り戻し)」が起こるのは目に見えている、連載は後半もまだまだ気が抜けない展開が続いていく、だから何とか思いとどまってほしい――。しかし、外岡の固い決心を変えることはできなかった。

その後、「外岡局長が辞めるかもしれない」という噂が社内で広まった直後に、紙面を管理する部署の責任者が「新聞と戦争」部屋にやってきて私にささやいた。「「新聞と戦争」は評判もよろしいようで何よりです。ところで夕刊連載は来年三月まで続くわけですから、それ以外に計画されている朝刊の特集面(朝刊一面をすべて使って展開する紙面)を返上していただけませんか?」。「新聞と戦争」の連載が始まる前に、編集局の関係部長を集めて外岡が正式に決定した紙面計画を撤回・変更してほしいという要請だった。

「局長が辞める」という情報を聞きつけた瞬間に態度を小ずるく変えるという、そのあまりにも露骨なやり方に怒りを覚えた私は局長室に駆け込んで外岡に直談判した。その結果、当初予定からはだいぶ減らした形ではあるが朝刊特集面企画を五回分だけは死守することができた。

「新聞と戦争」の連載は二〇〇八年三月、幸いにも好評のうちに無事終了した。新聞労連ジャーナリズム大賞、JCJ(日本ジャーナリスト会議)大賞、石橋湛山記念早稲田ジャーナリズム大賞を受賞した。こうした賞も嬉しかったが、外岡が生前、幾度となくこう話してくれたことで取材班の努力は十分報われたと私は感じた。

「「新聞と戦争」は、私が編集局長在任中に手がけた仕事の中で、特に誇りに思っている企画です。

この企画を成功させることができただけで、局長になった意味がありました」

「朝日の人たちの危機感はまだまだ甘い」

外岡は編集局長を二〇〇七年九月末で辞め、一〇月からは香港駐在編集委員となって香港に赴任した。そこには「勃興するアジアの中で、沖縄にはどういう将来があるのだろうということを自分の目で確認したい」との思いがあった。外岡は二〇一五年四月、香港などを舞台にした国際ミステリー小説『ドラゴン・オプション』を「中原清一郎」名で発表したが、筆者には「小説の舞台とする香港をじっくり取材しておきたかったんですよ」と打ち明けてくれたこともあった。

香港に駐在する時のことだ。「役員待遇」になっていた外岡は、「役員待遇」のままで記者の仕事に戻るのは嫌だと考えた。理由は「そういう記者だってことになったら、デスクがきちんと声をかけてくれなくなる」からだった。そこで外岡は当時の社長に「それ(役員待遇)も外して下さい」と頼んだ。社長は「君、給料が下がるけどいいか」と聞いてきた。外岡の答えは「全然かまいません」だった。

「編集局長をやめたときは、これで(朝日は)五年は大丈夫だなと思った」と振り返った外岡だが、朝日新聞という組織の現実はそれほど甘くはなかった。その後も不祥事が続いた朝日は二〇一四年、慰安婦報道、原発事故にかかわる「吉田調書」報道、池上彰の連載の掲載見合わせという一連の問題をめぐり社長が辞任するなど壊滅的な状態となり、再び混乱の極みに陥った。

四面楚歌となった朝日新聞では、ある幹部が月刊『Journalism』の編集長をしていた私に対し「朝日を応援するような企画を雑誌で考えてほしい」と打診してきた。月刊『Journalism』は朝日新聞が発行していたジャーナリズム専門の月刊誌で、形式上は取締役編集担当直属の機関である朝日新聞社ジャーナリスト学校が発行主体となっていることから、「編集担当直属の雑誌」という位置づけになっていた。幹部の打診に対し、私は「それはおかしい。納得できない。いまこそ朝日問題を徹底検証する特集を作るべきだ」と反論し、二〇一五年三月号を「朝日新聞問題を徹底検証する」と題して総頁数が二六六頁からなる特大特集号を作って発行した。

座談会には作家の半藤一利や東京大学法学部教授の苅部直とともに外岡に出席を依頼したほか、計二二本の論考を掲載したことに加えて、元共同通信編集主幹の原寿雄にもインタビューを行った。座談会の中で外岡はこう発言した。

「身内の朝日新聞の人たちに対して、もっと危機意識を持ってほしいということをいいたいと思います。池上コラム問題がなぜ起きたのかを考えると、要するに慰安婦報道で間違っていたのに謝らない、しかもそれを指摘されたことを封じようとしたという二重の構造になっているわけですね。まず、間違ったことを謝らなかった。それはなぜなのか、あるいはなぜ放置してきたのかについて、結局、追い込まれて第三者委員会に依頼して検証するという体裁を作らざるを得なかったわけです。自分たちはなぜ、このことをいままで長年にわたって放置してきたかについての内省というか、「誰が何を考え、どうしようとしたのか」を検証しようという意志といいますか、凄みをいまだに感じないんです。だからその意味で朝日の人たちの危機感というのはまだまだ甘い」

「朝日問題というのは朝日特有の問題もありますけれども、やっぱり活字メディア全体がいま置かれている状況、つまり優位性が失われてきて、多メディア化している、影響力も低下して経営基盤も空洞化しているという中で起きた問題なわけです。つまり二重の危機の中に起きている問題で、それに関して、「読者に対して失った信頼を具体的にどうやって回復していくのか」についての本気の訴えかけもいまだに感じられません」

二〇一四年に朝日問題が起きたことをきっかけに、それまで何度も裏切られながらも朝日を長年支えていただいていた多くの購読者が購読を止め、部数が激減して朝日の信頼は地に落ちた。そんな渦中に、元幹部が外岡に社長就任を打診したことがあった。だが外岡はその申し出をまったく相手にしなかった。組織が危機に陥った時だけ、緊急避難的に都合よく自分を担ぎ出そうとする朝日の上層部に対し、外岡には不快の念があったのだろう。後になってから、外岡は「ある方面からそういう声があったけれど、お断りしました」とだけ語った。

朝日新聞の弱点について、外岡は生前、「内向きなことと官僚的な気質」だと見抜いていた。「エリート集団の内側しか見ない姿勢。部益があって局益がないという官僚気質。これは抜きがたくある。若い時はそれに染まっていない記者も、長くなればなるほどそうなっていく。酒を飲みに行っても人事の話しかしない」。

賭けマージャン問題でまたも窮地に陥った朝日

朝日新聞の不祥事はその後も続いた。コロナ禍で緊急事態宣言が出され、外出自粛が叫ばれている中、今度は東京高検検事長と産経新聞記者二人、それに朝日新聞の元司法担当記者の三人が賭けマージャンを繰り返していたことが二〇二〇年五月、『週刊文春』のスクープで明らかになった。

この問題をめぐり、朝日新聞の執行役員編集担当(当時)で現在は社長の中村史郎が事件発覚から一カ月後に公表した「私たちの報道倫理　再点検します」という文章を外岡は取り上げ、朝日新聞の言論サイト『論座』(同年七月六日)で極めて厳しく批判した。

「朝日新聞読者の多くはこの文章を読んで、「腑《ふ》に落ちない」と思ったのではないか。大きなニュースを扱う場合、新聞記事は事実をストレートに記録する「本記」、事件の背景や事象への理解を助ける「解説」、社会の受け止め方や現場の雰囲気を伝える「雑感」記事という構成で、多面的にニュースを伝える。今回の文章は、「本記なき解説」、あるいは「経過説明なき結論」という調査結果だろう」

「今回の朝日新聞の文章は、約一カ月の間に読者から約八六〇件の電話やメールで意見が寄せられ、とりわけ多くが「権力との癒着」を批判するものだったと報告した。報道の公正性や独立性に疑念を生じさせたことをおわびし、記者行動基準の見直しを宣言した。だが、社員の「不適切な行為」のどの点を、なぜ問題だと判断したのか、これでは読者も判断しようがない。その点が不明なままでは、「報道倫理」の再点検という宣言も説得力を失うだろう。(中略)朝日新聞社全体に、あえて厳しい指摘をしておきたい。日ごろ、政府や企業、スポーツ団体の「不適切」な行為に対し、あれほど「説明責任」を問う新聞社が、自らが巻き込まれた際に率先して責務を果たさないのなら、読者の信頼はつなぎとめられない、と」

外岡の朝日新聞批判は続く。

「多くの組織は、末端ほど厳しい処分をして組織防衛を図るが、メディアがそれをすれば、現場の萎縮を招き、自らの首を絞める結果に終わるからだ。私が望むのは、朝日の記者たちが、日ごろ、どのような手段で、取材先とどう付き合っているのかを包み隠さず語り合い、問題の所在がどこにあるのかを、自ら剔抉《てっけつ》することだ。その本気度がどの程度のものかは、読者が紙面を通して、容易に読み取ってくださると思う。この問題の核心は、記者たちが、「誰を向いて、誰のために取材しているのか」という問いかけだ。「私たちの報道倫理　再点検します」は、行動開始の宣言だと期待したい。これが「幕引き」というなら、読者の失望は朝日新聞が想定する以上に、深い」

外岡が朝日を去って以降、朝日の消極的な報道姿勢はたびたび話題になり、批判を浴びた。例えば二〇二二年七月八日、奈良県で参議院選挙の応援演説中に安倍晋三元首相が銃撃されて死亡した事件をめぐる報道もそうだ。フリージャーナリストや一部の民放、ネットメディアが事件直後から自民党と世界平和統一家庭連合(旧統一教会)の関わりについて積極的な報道を展開したのとは対照的に、朝日新聞やＮＨＫは消極的な報道姿勢が際立ち、厳しい批判の声が上がった。

朝日新聞はなぜ事件当初に消極的な報道姿勢で臨んだのか。現役社員を始め、何人もの朝日関係者の話を総合すると、おおよそ以下のようなことが社内で進行していたのだという。

事件直後には記者が山上徹也容疑者側に接触して事件と旧統一教会が関連していることを朝日は認識したが、そのことを示す記事はすぐには出稿されなかった。ある会合の場で、一人の幹部が「これは会社を揺るがす問題になりうる。脇を締めて慎重に取材にあたるように」という趣旨の発言を行い、それが各出稿部の部長やデスクを通じて「慎重な取材を」という以上に「積極的な出稿自体を否定的にみなす空気」が取材現場に伝わって会社全体が萎縮したからだという。出稿しようと試みた記者も何人もいたが、関所役の担当者は原稿を通さなかった。何本もの原稿が留め置かれることになった。

だが、事件直後からこの問題に対する朝日の消極姿勢に失望した購読者の方々が「なぜ報道しないのか」などと朝日に抗議して電子版を含めた新聞購読を解約する動きが相次ぎ、これに慌てた上層部が一転して「積極報道」を指示するに至った。その結果、何人もの記者が国会図書館にやってきて過去の記事などを必死に検索する現場に私は遭遇した。そして同年一〇月には旧統一教会側、自民議員に「政策協定」という独自ダネを出したが、時すでに遅く朝日は再び信頼を失う結果になった。

仮定の話になるが、外岡が存命で朝日にいたとしたら、世間の多くの人が知りたいと考えていたこの問題について、朝日はこれほどまでに腰の引けた紙面は決して作らなかっただろう。上司に対する忖度と打算、自己保身と官僚主義がはびこる社内の雰囲気に抗って外岡は問題提起し、人々の疑問に答える紙面を作ろうと必死に動いただろうし、その問題意識と情熱、そして何よりも外岡のジャーナリスト魂に共鳴して勇気を持って立ち上がる志のある記者が何人も出てきたに違いない。

翻って「公共メディア」とは、多くの人々が知りたいと考える様々な問題に対して積極果敢に取材を行い、人々が「自分のアタマで判断する」ために必要な情報やデータをつかみとってそれらを速やかに届ける責務を負ったメディアのことだ。その意味で「公共メディア」とは一度与えられたら未来永劫にわたって保持できる称号のようなものでは断じてない。

自民党最大派閥の「清和政策研究会(安倍派)」が政治資金パーティーの収入の一部を裏金化していたとみられる報道をめぐっては朝日新聞も久しぶりに健闘をみせているが、今後も次々に現れる問題に対して逃げ腰や弱腰と受け止められるような紙面を仮に作るとしたら、それは朝日が一九五二年に自ら定めた「朝日新聞綱領」に反することになる。四項からなる綱領の一つにはこうある。「真実を公正敏速に報道し、評論は進歩的精神を持してその中正を期す」。

「真実を公正敏速に報道」するからこそ「公共メディア」なのだ。朝日に限らず、「問題の本質を知りたい」と願う人々のニーズや「知る権利」に応えられないメディアに対しては「公共メディア失格」という烙印が押される事態になるであろうことも十分に想定の範囲内だろう。

朝日新聞は今、何をすべきか

振り返れば、外岡が編集局長にいた一年半は、朝日新聞のジャーナリズムに「信頼」が戻った一年半だったといえるのではないか。上司の顔色をうかがうことも幹部の意向を忖度する必要もなく、あくまで愚直に、本来のジャーナリズム活動に立ち返ることができた幸福な日々。何より現場で取材する記者が、デスクが、部長やその他の管理職も含めて多くの社員が、新聞社本来の自由闊達《かったつ》な雰囲気を感じ、のびのびと仕事ができた時間だった。だが、そんな稀有なひとときは、外岡の退任とともに、突然終わりを告げた。

外岡が局長を去った後、安倍元首相は第二次安倍政権を発足させ、例えば二〇一四年一一月にはテレビ各局に自民党筆頭副幹事長萩生田光一らの名で「選挙報道の公平・中立・公正」を求める文書を送りつけて、街頭の声やゲストの発言回数にまで事細かに「政治的公平」を求めるなどメディアに対する「圧力」を強めていった。これに対し、朝日などのリベラル系メディアはひたすら「権力側とトラブルを起こさない」ことだけを願う事なかれ主義の姿勢を取ることが多くなり、結果的に紙面が迫力と勢いを失ってさらに読者を減らすという悪循環に陥っていった。

それとは逆にあらゆる権力と闘うことを恐れなかった外岡のような精神的支柱となる存在は、いまの朝日にはいない。そんなメディアが行うべきことは社員に対する管理強化ではなく、ましてや「パーパス」などと流行りのマネジメント用語をふりかざすことでもなく、もっと地道に足元を見つめて、例えば上司に対して異議申し立てができることを含め、ものがいえる自由闊達な雰囲気を一刻も早く報道現場によみがえらせることだ。

なぜなら混迷を深める事態を新たに切り開くクリエイティブでイノベーティブな報道はそんな風通しの良い開かれた空間からしか生まれないからだ。だからこそ今の朝日がやるべきなのは社内言論の統制強化ではなく、「第一線で必死に闘っている記者を大事にする」という姿勢を社内外に示しながら、朝日本来の積極果敢な報道スタンスを全社的に取り戻すことだろう。朝日にはしっかりした問題意識をもった優秀な記者が地方を含めた最前線の現場にまだ何人も踏みとどまり、必死に頑張っている。これら第一線の記者の存在こそ、朝日にとっての「希望の光」に他ならない。

外岡は生前、札幌の自宅にエンディングノートを残していた。

死の前年の二〇二〇年二月、日本災害医学会総会・学術集会が神戸で開かれ、外岡は「震災取材から考える災害時の医療活動」とのタイトルで講演を行った。その際、新型コロナの集団感染が起きたクルーズ船ダイアモンド・プリンセス号で支援にあたったDMAT（災害派遣医療チーム）メンバーとの接点があり、その後、自主隔離に入った時に、万が一に備えて書いたとみられる。

その中には「朝日新聞の仲間のみなさまへ」と書かれたA4判一枚のメッセージがあった。「外岡です。皆さん、一足お先に、旅立つことになりました」。そんな書き出しで始まる文章はこう続く。
「私は一九七七年から二〇一一年まで、朝日新聞社に籍を置き、よき先輩や同僚に恵まれて本当に充実した人生を送りました。深く感謝申し上げます。振り返ると、どのメディアよりも風通しのよい、正義感にあふれた職場であった、と思います。どうか、その気風を守り抜き、これからも、社会に欠かせない、気骨ある紙面を作り続けてください。あなたがたの使命は、どんな時にでも、新聞を作り続けることです。がんばれ」。

万感の思いを込めて会社の未来を後輩に託した外岡。この外岡の最後のメッセージに朝日は応えていくことができるか。あくまで「市民の側に立つ」姿勢と覚悟を新たに示しながら、あらゆる事象の真相に迫る「オンリーワンの報道」を日々愚直に実践していくことで「信頼される公共メディア」としての働きを十分にはたしていくことができるか。朝日新聞はいま、まさに正念場を迎えている。

上司の命令に抗え――「抗命権」というコンセプト

この章を締めくくるにあたり、最後に、私が生前の外岡と何度となく話し合っていたあるコンセプトを紹介したい。このコンセプトは、朝日新聞の関係者だけでなく、ジャーナリズムに取り組む他社の人たち、ひいてはこれからジャーナリズムを志す学生たちや一般企業に勤める方々などにも参考になるのではないかと考え、ここに収録する。

それは「抗命権」というコンセプトだ。文字通り、上司の命令に抗う。その権利がジャーナリストにはあるのだと外岡は熱心に説いた。

「通常の組織とは違って、新聞社には上下関係はあるけれども、記者としては上司も第一線の記者も対等であるということです。そしてジャーナリストは本来、上司や会社の命令に逆らう権利を持っているのではないかということ。「業務命令だ」といわれたら、「いや、私はその命令には反対です」といえる権利が記者にはあるはずです。ジャーナリストってそういう職業だろうと思うんです。業務命令が出された時に、ジャーナリストとして、それに反抗できるというのがほんとうのジャーナリズムであるべきです」

「やっぱりほかの仕事と違って、このジャーナリズムの仕事は、職務命令だとかいって命令一下、それに従うような組織じゃいけないと思った。もちろん軍隊ではそれは許されないかもしれないけれど、我々の組織が健全であるためには、上司はただ命令するんじゃなくて、第一線の記者に対してきちんと理を尽くして説明する責任を負っているということ。また記者も議論をすることを上司に求める権利があるのだという点を徹底させたかった。それがないところにまともなジャーナリズムなんてない。僕はそう考えています」

では例えばどんな状況下で記者は「抗命権」を主張すべきか。その点について外岡が具体的に語って記録に残っているケースが一つだけある。月刊『Journalism』二〇一三年六月号で「三・一一後のジャーナリズム」を特集した時のことだ。当時ニューヨーク・タイムズ東京支局長だったマーティン・ファクラーや朝日新聞の編集委員だった依光隆明と外岡を招いて徹底討論を行い、その鼎談を編集長だった私が司会した際、外岡は原発事故の文脈で抗命権について何度も言及した(3)。

この時、議題の一つに上がったのが二〇一一年三月一一日に東日本大震災が発生して東京電力福島第一原発の危機が伝えられた直後、住民がまだそこに残っているにもかかわらず、福島県に記者を常駐させていた朝日新聞を含むメディアの多くが住民に背を向けるように退避した問題だ。

当時の朝日新聞福島総局長は一二日午後三時二三分、県内で取材にあたっていた記者に対し、原発から三〇キロ圏内に立ち入らないことが社として決定されたとのメールを送った。その直後に一号機の原子炉建屋が水素爆発を起こし、結果的に原発五〇キロ圏内から朝日新聞記者の姿が消えた。

外岡が最初にこの問題を知ったのは、文芸評論家の加藤典洋が『3・11　死に神に突き飛ばされる』(岩波書店)に書いた内容を読んだのがきっかけだったという。「今回は日本の報道機関がこぞって屋内退避地域から撤退すらしている。カルテルまがいの共同歩調が成立しています。しかしこれでは、真剣に政府を批判するメディア、メディアのあり方を批判するメディアが、なくなる。傷があるのに、その傷が、さらに隠蔽されてしまいます」。

加藤がそう書いたことに対し、外岡は「つまりメディアが政府の指示に従ってどうするんだということを指摘していて、僕にはすごく衝撃でした。住民がそこにいるのに、自分たちは退避しておきながら「メディアの役割は果たした」というのは、やっぱり僕はすごくおかしなことだと考えます」と話した。

「カルテルまがいの共同歩調」を突き破った人たちがいた

だが、この時、「カルテルまがいの共同歩調」を突き破って原発から半径三〇キロ圏内に入ったジャーナリストがいた。ＮＨＫディレクターの七沢潔や大森淳郎らは放射線衛生学者の木村真三とともに放射線測定記録装置を車に積み込んで事故現場周辺に入り、報道人のいなくなった避難区域で土壌を採取したり空間線量を測定したりする中で「ホットスポット」と呼ばれる線量の極めて高い地点が散在していることなど放射能汚染の実態をいち早く突き止め、ＥＴＶ特集「ネットワークでつくる放射能汚染地図」を作って五月に放映し、国内外で絶賛された。

なぜ、あくまで現場を目指したのか。その動機について、ＥＴＶ特集チーフプロデューサーの増田秀樹はこの時の取材をまとめた『ホットスポット　ネットワークでつくる放射能汚染地図』の中でこう振り返っている(4)。

「現場主義に徹して取材を続けた私たちを支えた動機をあえて挙げれば一つある。取材チームに加わったメンバーは私も含めこれまで科学的視点よりも歴史的視点でドキュメンタリーを制作してきた者が多い。ＥＴＶ特集では例えば二〇〇九年、「戦争とラジオ」という番組を放送した。政府の広報機関になり大本営発表を唯々諾々として放送してきた戦時中のメディアの在り方を問うものだ。終戦の六六年後に起きた今回の震災。もしも〝大本営発表〟と揶揄されるような放送をしていたら、「じゃあ、お前たちはどうなんだ」と過去から逆に詰問されることになる。それにきちんと答えられるかという自問が漠然とではあるがスタッフには共通してあったように思う」

だが七沢が「ＮＨＫ文研ブログ296」(二〇一二年一月二七日)で明らかにしたところによると、「当時大手メディアが足を踏み入れなかった原発から半径三〇キロ圏内に入って取材をした」その行動が「通達」に反するとＮＨＫ内部で問題視され、取材が中断に追い込まれたという。

にもかかわらず「高濃度の汚染地帯と知らずに地域の集会所に滞在する人々などの取材映像を、別の番組（「ＥＴＶ特集　原発災害の地にて」同年四月三日ＯＡ）で放送するとネット上で評判となり、再放送希望の電話やメールがＮＨＫに多数届けられ」た。これをきっかけに流れが変わって「条件付きで三〇キロ圏内の取材ができるようになり、「放射能汚染地図」本編も放送できるようになった」。「放送後もネットはバズり、ユーチューブに番組映像がアップされ、一五〇〇件を超える再放送希望が殺到、総合テレビを含め、都合五回再放送され」たという。

これに対し、元ＮＨＫエグゼクティブ・プロデューサーの桜井均は、ＮＨＫが折に触れて強調する「みなさまの声にお応えします」という姿勢に言及しながら、「この番組のスタッフは（中略）役所の情報を信じてホットスポットの真っただ中に滞留していた男女を安全な場所に逃がすこともした。（中略）この放送は、ＮＨＫが意識的に直視してこなかった「みなさま」の輪郭を、大惨事のただ中ではっきりと見せてくれた。私は、このようにジャーナリストの主体性が発揮されたドキュメンタリーを見たことがない」と月刊『Journalism』に書いた。(5)

同時に桜井は次のように述べて当時のＮＨＫのあり方を厳しく批判もした。

「ＮＨＫは当時三〇キロ圏内への立ち入りを制限していたという理由で、スタッフに厳重注意を与えたという。彼らは、これまでの取材を通して放射線防護に専門的な知識を持ち、しかも研究者と緊密に連絡をとりながら行動をしていたのだから、けっして逸脱行為に走ったわけではない。むしろ、倫理的な行為だったといえる」。そしてこう強調した。

「経験したことのない非常時に、それでも組織の論理を優先するとしたら、ジャーナリズムの論理は死滅する。ジャーナリストの仕事は、カタストロフに直面して身動きならない人びとに代わって、現場に立つことであり、ドキュメンタリーの草分け亀井文夫監督の言葉を借りれば、「代書人」として情報を送ることである」「いま問われなければならないのは、公共放送NHKが言論機関として、「表現の自由」をはじめとする市民的・政治的自由を実現させるために〝開かれた市民的フォーラム〟の役割を社会に対して果たしているか、その責任の重さである。そもそも「公共放送」は誰のためにあるのか。放送法の理念である「公正・中立」はいかなる意味に理解されてきたのか。そして、NHKはジャーナリズムたりうるのか」

さらに桜井は番組につけられた「ネットワーク」という言葉に注目してこう指摘した。「この番組はまた、テレビ・ジャーナリズムの原点と未来を体現している。タイトルにある「ネットワーク」という言葉はとりわけ重要な意味を持つ。福島第一原発の爆発を知って現場を目指したスタッフは、これまでに蓄積した独自の「ネットワーク」を駆使して、何をおいても現場に向かった。「原子力ムラ」とばかり付き合ってきたジャーナリストには想像もできないことであったろう」。ちなみに七沢によると、「行き詰った企画をネットに救われた」という思いもあって、番組タイトルに「ネットワーク」という言葉を使ったのだという。

また「カルテルまがいの共同歩調」を突き破った大手メディアはNHKだけでなく、他にもいた。当時TBSの報道番組「NEWS23クロス」の特集キャスターを務めていた萩原豊は地震発生直後にカメラクルーとともに東京を発ち、三月一二日の夕方から福島に入った。「福島に住む人々がどのような状況に置かれているのか」を取材する必要性を強く感じ、現場を回り始めた。

だがそこで「組織のルールの「壁」に行き当った」と萩原は月刊『Journalism』に書いた(6)。それによると、ＴＢＳ系列のＪＮＮでは三月一二日、政府の避難指示の距離の二倍にあたる地域、つまり福島第一原発から四〇キロ、第二原発から二〇キロ圏内には取材で立ち入らないという制限が文書で定められていた。

「避難地域に残る人々の現状を絶対に取材しなければならない。その思いの一方で、組織に属する以上、原則として組織のルールを守らざるを得ない」。その葛藤の中で、萩原は「ルールを変更してもらうしかない」と考えたという。ＪＮＮでは防災・危機管理に詳しい安全管理の責任者を、取材拠点となっていた地元局に派遣していた。萩原はこの責任者に取材制限への疑問を投げかけた。

「一般の市民がまだ避難地域内に留まっているのに、なぜ我々が取材できないのか」

萩原と責任者の議論は深夜まで続いた。論点の一つに、テレビ取材特集の問題もあった。テレビの記者は通常、カメラマン、音声マン、ドライバーなどで構成される「テレビクルー」と呼ばれるグループで動く。彼らの多くはＴＢＳ本社の社員ではなく、関連会社でしかもそれぞれ別々の会社に所属していることが多い。会社によって安全管理の基準も違う。何より本人たちの同意が得られなければ、取材は実現できない。

三月一八日前後のある夜、萩原は宿泊していた旅館の一室にクルーを集め、取材の必要性を説明した。「原発は今も不安定で万一の爆発があれば、大量被ばくのリスクもあることもわかってほしい」。そう伝えた後、「一緒に行ってもらえるだろうか？」と一人ひとりに尋ねた。報道への強い使命感を持ったクルーは全員が「行きましょう」「大丈夫です」と答えてくれたという。

「私は命令に反対します」といえる権利がジャーナリストにはある

朝日新聞には他に選択肢がなかったのだろうか。

「外岡さんが当時編集局長だったらどうしましたか？」

先述の鼎談でそう問われた外岡は即答した。「当然、三〇キロ圏内に入るべきだったと思います」。

そしてこう続けた。「例えば戦争があれば、ジャーナリストはみんなその現場に入っていくものです。「攻撃が近い、住民がそこにいる、だから現地で取材しよう」というふうになるわけです。ある意味で、自国の政府勧告に逆らって現地に入るのがジャーナリストの仕事ですよね。だから、自国の市民が二万人以上残っているところに入っていくんだったらわかるけれど、そこから出ていったというのは納得できない」。

「では、具体的にはどういうやり方がありえたと考えますか」と問いかける私にはこう答えた。

「一つは、会社としての指示は出さないで、志願制でやるべきでした。それでベテランの記者が中心になって行く。「何としても報道するんだ」と思い決めている記者を募集して現地に投入するということではないでしょうか」

これに対し、ファクラーは「やっぱり自分で判断して行くという志願制が必要ですよ」と記者個人の自主判断に基づく志願制の重要性を指摘。「アメリカの場合、例えばイラク戦争を取材するためにイラクに行かないということは考えられないでしょう？　自分たちの軍隊が現地にいるわけですから、行かないなんていうのは問題外です。ただ、誰がどうやって安全性を確保して行くか、そういう議論をすると思います。だからたぶん、福島の三〇キロ圏内での取材もそれと同じだと思うんです。私だったら「行かない」ということは論外。でも同時に、じゃあどういうふうに自分たちを守るかということはちゃんと考える。放射能測定器を持って行くとか、自分を守る用意は当然する。ただ「危ないから行かない」ということであれば、ジャーナリストとしての仕事はできない」と発言した。

これを受けて外岡は次のように述べた。

「それが本当ですよね。やはり、ジャーナリストが特権を与えられているのは、多くの人が行きたくないところに行かなくてはいけないから、ということの裏返しなんですよ。だから自分たちが特権だけ与えられて、「危ないから行かない」というのは、選択肢としてありえない職業なんです」

こうした議論の流れに続いて、外岡は「抗命権」ということばを口にした。

「朝日にいる時から私がみんなにいっていたのは「抗命権」ということです。上司や会社の命令に逆らう権利をジャーナリストは持っているはずだということ。「業務命令だ」といわれたら、「いや、私は命令に反対します」といえる権利がある。ジャーナリストってそういう職業だろうと私は思うんです」

「「市民的不服従」ということばがあります。規則だから、法律だからお前は従えといわれた時に、「いやそうじゃないんだ、もっと広く考えればその命令に不服従であることが正しいあり方なんだ」と主張する考えです。（ヘンリー・）ソローから始まってキング牧師などもそうです」

「業務命令が出された時に、ジャーナリストとしてそれに反抗できるというのがほんとうのジャーナリズムです。上司はそのことについて、きちんと理を尽くして説明する責任を負っているのです。

それがないところにジャーナリズムなんてないと僕は思っています」

「大げさな話ではなくて、何か命令された時に「違うな」と自分が思ったら、「それは違うんじゃありませんか」といえるだけの保証をしていないマスコミなんて、やっぱりありえないんです。コンプライアンスについて語る時に私がいいたいのはそのことです」

この鼎談の場以外でも抗命権について外岡と何度も話し合っていた私はある時、こう尋ねた。

「抗命権というのはつまり、一九六〇年代の終わりから七〇年代の初めにかけてドイツで論じられた「内部的プレスの自由」や、何よりも企業組織の中での記者の自律性の確立が図られなければならず、その前提があって初めて個性あるジャーナリズム活動が活性化してメディア企業の「ジャーナリズム性」の回復が期待できると考えた、元NHK出身で関西学院大学教授の石川明が唱えた「内部的メディアの自由」の議論を踏まえたホンモノのジャーナリズムが宿るための精神的な根拠というか、拠り所としてあるという意味ですね?」

これに対して外岡は何度もうなずきながら、力を込めて語った。

「要するに僕らは、会社員だと思ったらダメだということなんですよ。「上がおかしいことをいったと思ったら、歯向かえ」ということなんです。その議論がなくなってしまったら、言論機関としては、おしまいだということです」

いまのメディアの世界に必要なのは、デジタル技術を活用して業務全般を大胆に変革する「DX(Digital Transformation)」だけでなく、第一線の現場で奮闘している記者が会社の垣根を越えて連帯しながら声を上げ、まっとうなジャーナリズムの精神をそれぞれのメディアによみがえらせるための

「ＲＸ（Radical Transformation）」なのではないか。造語だが、私にはそう思えてならない。

何より第一線の現場で、記者としての誇りを胸に命がけで闘っている者の道理ある「造反」、つまりは「造反有理」を精神的に支援する中で自由闊達なジャーナリズムの魂をよみがえらせ、それを深化させることでジャーナリズムの未来をも切り開こうと生きた外岡。いかなる意味においても、外岡の後継者は、いない。外岡はまさに「空前絶後」の編集局長だった。

（１）朝日新聞「新聞と戦争」取材班『新聞と戦争』上下巻、朝日新聞出版、二〇一一年。
（２）大森淳郎・ＮＨＫ放送文化研究所『ラジオと戦争　放送人たちの「報国」』ＮＨＫ出版、二〇二三年、一〇頁。同書は、国民を戦争に動員する上で大きな役割を担った戦時下のラジオ放送を展開した社団法人日本放送協会と現在のＮＨＫの責任を厳しく問いかけたもので「放送人の良心」を感じさせる力作だ。
（３）外岡秀俊、マーティン・ファクラー、依光隆明「徹底討論　あらゆる教訓はまだ三・一一に眠っている」月刊『Journalism』二〇一三年六月号、朝日新聞社、五五〜七四頁。
（４）増田秀樹「まえがき」、ＮＨＫ　ＥＴＶ特集取材班『ホットスポット　ネットワークでつくる放射能汚染地図』講談社、二〇一二年、一〇頁。
（５）桜井均「ＮＨＫはジャーナリズムたりえているか――「公共性」と「国益」の違いを明示せよ」月刊『Journalism』二〇一四年六月号、朝日新聞社、八九〜九七頁。
（６）萩原豊「報道の使命か、取材者の安全か――本社を説得して三〇キロ圏内へ」月刊『Journalism』二〇一三年六月号、朝日新聞社、八八〜九二頁。

注：この章における外岡の発言については、私自身が直接外岡から聞いたことや外岡のいくつかの著作に加えて、朝日新聞社員だった及川智洋が外岡に対して行ったインタビューをまとめて私家版で発行した『ジャーナリスト・外岡秀俊の語る同時代史――仲間たちの証言とともに』、さらには外岡と札幌南高等学校で同窓だった澤田展人らが関係者の話などをまとめて発行した『逍遥通信第七号　追悼外岡秀俊』に依拠している部分があることをお断りするとともに、関係者に厚くお礼を述べたいと思います。

第3章

安倍政権下で起きたこと

——変容する社会とメディア

放たれた銃弾

安倍晋三元首相(六七歳)は二〇二二年七月八日、奈良県で参議院選挙の応援演説中に銃撃され、死亡した。逮捕直後の報道によると、発砲してその場で逮捕された山上徹也容疑者(四一歳)は犯行の動機について、母親が多額の献金をしていた宗教法人「世界平和統一家庭連合(旧統一教会)」に恨みを持ち、安倍元首相がこの団体とつながりがあると思って狙ったという趣旨の供述をしたという。

安倍元首相の不慮の死を契機に、旧統一教会と自民党の関係が注目を集めている。

両者の関わりは、実は、深くて長い。安倍家の場合も祖父である岸信介元首相の時代から安倍元首相までの三代にわたって関係が続いていたことが事件後の報道で浮上している。安倍元首相自身についても「国政選挙で教団票を差配していたとされる証言が出るなど、党と教団をつなぐキーパーソンと見られている」と朝日新聞は報じた(1)。

次から次へと明らかになる旧統一教会と自民党との「蜜月ぶり」への驚きと反発からか、世間の目はいわゆる森友・加計《かけ》学園問題が浮上した時よりも自民党に対して厳しく、だからこそ自民党内にもこれまでとは違う危機感が広がっている。「韓国は日本より優位にある国。日本は韓国を占領していたのだから贖罪《しょくざい》しなければならない」などとする教団の考えは、自民党がこれまで掲げてきた保守の思想とは本来まったく相容れないはずだ。にもかかわらずそうした勢力と親密な関係を持ち続けてきたのだとしたら、選挙の際の応援依頼という政治的打算が背景にあったとしても、二〇一二年末から約七年八カ月間続いて憲政史上最長を記録した「安倍保守政治」とは何だったのか？　そんなとまどいや違和感が自民党を長年支えてきた保守系有権者の中にも生まれているようにみえる。また自民党の最大派閥「清和政策研究会（安倍派）」が政治資金パーティー収入の一部を裏金化したとみられる疑惑も急浮上し、東京地検特捜部が捜査に乗り出す事態となった。

この章では、民主主義の危機が指摘される中にあって、通算在職日数三一八八日に及んだ第二次安倍政権のもとでこの国では何が起きて社会はどのように変容してきたのか、またメディアはそんな状況の中で何をしたのか（あるいはしなかったのか）をまずは振り返ってみたい。

最初に、安倍長期政権下でこの国の社会はどう変容してきたかについての議論を、政権が多用した政治手法を考えるところから始めてみよう。その手法の主な一つが「閣議決定（Cabinet decision）」だ。岸田政権は二〇二二年一二月、二〇二三年度から五年間の防衛費を四三兆円とすることを盛り込んだ安保関連三文書を閣議決定した。憲法に基づき軍事大国とはならないとしてきた戦後日本の防衛政策を抜本的に転換させる重大な決定であるにもかかわらず、国会という開かれた場での説明と議論を尽くさず閣議決定だけで決めてしまった経緯への強い反発があり、この手法が再び注目を集めている。

そもそも閣議決定とは何か。内閣法第四条には「内閣がその職権を行うのは、閣議によるものとする」とあり、憲法六五条には「行政権は、内閣に属する」と定められている。つまり閣議決定は「行政権を持つ内閣の決定」ということだ。そのようにして決められた決定は、政府内における最高の意思決定として政府全体に貫徹されるべきものとみなされている。

閣議決定は国会審議を経ないため、内閣にとってはスピード感を持った対応ができるメリットがある。とはいえ、それは内閣の意思について閣僚間でコンセンサスをとっただけであり、法律ではないから法的効力はなく、国会を縛る拘束力もない。逆にいえば閣議決定は「国会のチェックが働かず、内閣の暴走を許す余地とリスクがある手法」ともいえる。

他方、日本国憲法は国会、内閣、裁判所の三つの独立した機関が相互に抑制し合うことによって権力の濫用を防ぐ「三権分立」の原則を定めている。すなわち、国会は法律を作ったり変えたり廃止したりする「立法権」を、内閣は国会が決めた法律や予算に基づいて実際の行政を行う「行政権」を、裁判所は人々の争いごとや犯罪を憲法や法律に基づいて裁く「司法権」をそれぞれ担当することで全体のバランスが保たれるという建前になっている。

「例外状態」がはらむ危うさ

これに対し、国会での審議を経ないまま、内閣の行政権力が三権分立のチェック・アンド・バランスのくびきから逃れ、立法権力によって定められる法律の範囲や憲法やそれまでの政府解釈を時に飛び越えて統治に関わる事柄を次々に決めていく事態、つまりは行政が法を凌駕する事態を「例外状態」という。閣議決定にみられるような、そんな法規範を超えて肥大化しかねない「例外状態」がはらむ危うさについて、「例外状態は民主主義国家を全体主義国家へと変容させることを可能にするメカニズムだ(2)」と鋭く喝破した一人が、イタリアの哲学者、ジョルジョ・アガンベンだ。

アガンベンは、新型コロナウイルスの感染拡大が始まったごく初期に、この行政権力が「コロナ危機」を理由に一方的に緊急事態を宣言して「移動の自由」などの権利を制限した点や、そうした「例外状態」が長びいて常態化することを人々が「やむを得ない」と受け入れ、やがて慣れきってしまう危うさに懸念を表明し、異議申し立てを行った。

アガンベンは「新宗教である健康教」と「例外状態」を用いる国家権力との接合から帰結する統治装置を「バイオセキュリティ」と命名。その上で、行政権力が暴走するリスクについて「彼ら（注：「いまの支配的な諸権力」）が課そうとしている大変容を定義づけるのは、その変容を形式上可能にした道具にあたるものが新たな法典ではなく、例外状態だということである。例外状態とはつまり、憲法上の保証の数々を単純に宙吊りにするということである(3)」と述べた上で、次のように警鐘を鳴らした。

「この変容は一九三三年にドイツで起こったこととといくつかの接点を有している。そのとき、新首相アドルフ・ヒトラーはヴァイマール憲法を形式上は廃止することなく例外状態を宣明したが、その例外状態は一二年にわたって続いた。憲法上の規定は一見したところ効力を維持されていたが、事実上は無効化されてしまった。ただ、ナチ・ドイツではそのために、明らかに全体主義的なイデオロギー装置を展開することが必要ではあった。それに対して、私たちが証人となっているこの変容のほうは、純然たる保健衛生上の恐怖を創設することによって、また一種の健康教を創設することによって働いている(4)」

「例外状態」がもたらす危険と現代政治の関係について、アガンベンは次のようにも述べて危機感を訴えている。「例外状態は（中略）ますます現代政治において支配的な統治のパラダイムとして立ち現れつつある。一時的で例外的な措置がこのようにして統治の技術に転位したことは、憲法体制の諸形態についての伝統的な区別の構造と意味を根本から変容させかねない。そしてすでに事実上、それと察知できるぐらいに変容させてきている。それどころか、例外状態は、こうした展望のもとで、民主主義と絶対主義とのあいだに設けられた決定不能性の閾《しきい》として立ち現れるのである」(5)

つまり、こういうことだ。最終的にアウシュビッツのユダヤ人大量虐殺にまで行き着いたヒトラー政権でさえ、当時の世界を震撼させた「全体主敵的なイデオロギー装置」がなければ成し遂げられなかったことを、私たちが暮らすこの社会は「いまは例外状態だから」という理屈と「保健衛生上の恐怖」や「健康教」だけで達成してしまったのではないか——。アガンベンはそう警告しているのだ。

ナチスが台頭した一九三〇年代のドイツといまの日本では、置かれている状況を始め歴史、社会、国際的な文脈が異なり、一概に比較することはもちろんできない。だが、「過去に目を閉ざす者は結局のところ現在にも盲目となります」(6)という旧西ドイツのヴァイツゼッカー大統領の教えもある。「例外状態」を手にした行政権力が極限まで暴走した時の恐ろしさを、過去を振り返って冷静に押さえておくとともに、「例外状態」が持つ怖さに対して自覚的になっておく意味は十分にあるだろう。

二〇一四年七月一日の閣議決定

話を日本の「閣議決定」に戻そう。

安倍政権は、国会での審議や議決がいらない閣議決定を多用することによって政権にとっての懸案事項を押し通そうとする姿勢が目立った。その最たるものが、それまでの日本政府の憲法解釈を変更し、従来は認められないとしてきた集団的自衛権の行使を容認した二〇一四年七月一日の閣議決定だ。

この閣議決定では、集団的自衛権をめぐるこれまでの政府解釈を変更し、米軍との共同行動を念頭に置きつつ、日本と密接な関係のある他国が攻撃された場合に①日本の存立が脅かされ、国民の生命、自由と幸福の追求権が根底から覆される明白な危険がある②日本の存立を全うし、国民を守るために他に適当な手段がない③必要最小限度の実力行使にとどまる――の三条件を満たせば集団的自衛権は「憲法上許容されると考えるべきである」とした。そしてそれからわずか約一年三カ月後の二〇一五年九月一九日未明、憲法解釈の変更による集団的自衛権の行使容認をめぐって国論を二分するような激しい議論が国会の内と外で続く中、安倍政権は最重要課題としてきた安保関連法案を参院本会議で成立させて日本の戦後の安保政策を大きく転換した。

他方、憲法学者で早稲田大学大学院法務研究科教授の長谷部恭男は、安保関連法案が成立した直後、東京・新宿の朝日カルチャーセンター新宿教室で自らの危機意識を語った。

「憲法によって政治権力を縛る、政治権力を拘束するということ。これが少なくとも立憲主義である以上最低限必ず入っているはずの意味合いです。ところが、安倍政権は、今政権の座にある自分たちの判断で、自分たちを縛っているはずの憲法の意味を、自分たちで変えてしまおうというわけですから、これは今申し上げました最低限の意味合いでの立憲主義を破壊しようという人々であるということは明らかなような気がいたします」(7)

そして「日本の憲法原理にとっての最悪の敵」という強いことばを使って次のように続けた。「今現在日本で起こっていることを見てみますと、今の日本の憲法の基本原理を攻撃している人はいったい誰ですか、という話になります。それは安倍さんですよね。安倍政権こそが日本の憲法の基本原理を攻撃し、破壊しようとしている人たちで、日本の憲法原理にとっての最悪の敵は安倍政権だということが言えるのではないかと私は考えています[8]」。

安倍政権が行った「閣議決定」にはこのほか、国会での議論がないまま自衛隊を海外に派遣することを決めた「中東地域における日本関係船舶の安全確保に関する政府の取組について」を始め、司法の独立を侵害する東京高検検事長（当時）の定年延長など様々なものがある。初動に遅れが出て批判を浴びた新型コロナウイルス関連でも閣議決定を連発した。

安倍政権とはつまり、歴代の自民党政権が行ってきた「事前審査制」、すなわち国会審議の前に実質的な審議を党の機関で終えてしまう党の慣習に加えて、ごく限られた身内だけが関与する密室で政策を決めた上で、その後は閣議決定という「例外状態」を多用することでもたらされる「例外状態の常態化」を国民に慣れさせながら、「これこそが「決める政治」なのだ」とばかりに政治を動かそうとしてきた政権だったといえるのではないか。

こうした「安倍一強」時代においては「数の論理」が決定的な力を持ち、「数を握った多数派が「勝ち組」ですべてだ」といった風潮が社会にも広がる一因となった。国の将来を左右する政治課題はいずれもその背景が複雑なものだが、安倍政権はそれをあえて単純化する形で国民の前に示し、「反対か賛成か」「ＹＥＳかＮＯか」と迫るやり方を用いて最後は「数の論理」で法案を押し通す、そんな政治手法が目立った。そこには、強行採決を始めとする強引なやり方を行った直後に内閣支持率が多少下がったとしても、すぐに回復基調を取り戻して国政選挙では負けないという経験値に裏付けられた自負と読みがあったのだろう。

「事実は大衆を説得する力を失ってしまった」

安倍政権が高らかに宣言した「アベノミクス」については、経済の好循環が結局実現せず、「富める者がより豊かになればその「富の滴《しずく》」が国民の大多数にも浸透する」と政権が唱えた理論も空回りに終わった。この間、生活保護の受給者や生活に困窮する人々に対しては社会の一部から「自分の行動によって起こる結果はすべて自分の責任」だと強調する「自己責任論」が容赦なく向けられた。自己責任論は他者の痛みを想像する力を減退させていくこともあってその圧力は強まり続け、コロナ禍で日々の生活にあえぐ人々の中には「こうなったのも自己責任だ」と自分で自分を責める人も少なくない。それがこの国の「リアル」だ。

社会的に弱い立場にある人々を含め、一人ひとりの市民を孤独や孤立から救い出して社会の一員として取り込む「社会的包摂」に成功していないこの国では、個人が地域社会や他者から切り離されて生きること、すなわち「アトム化」の波が水面下で音もなく進行している。

「身に染みついた個人主義のため、大衆はすべての個人がまったく同じ形で同じ運命におそわれるという事態に立たされながら、旧態依然として自分自身には競争的な営利社会の基準を当てはめ、個人としての成功という観念に立って自分自身を評価し断罪することを止めなかった。人を騙し人の災難を利用してうまく立ち回ることができなかった者は、自分を敗残者と見なした(9)」

「大衆は目に見える世界の現実を信ぜず、自分たちのコントロールの可能な経験を頼りとせず、自分の五感を信用していない。それゆえに彼らには或る種の想像力が発達していて、いかにも宇宙的な意味と首尾一貫性を持つように見えるものなら何にでも動かされる。事実というものは大衆を説得する力を失ってしまったから、偽りの事実ですら彼らにはなんの印象も与えない。大衆を動かし得るのは、彼らを包み込んでくれると約束する、勝手に拵《こしら》え上げた統一的体系の首尾一貫性だけである」(10)

これらのことばは、実はいま書かれたものではない。ドイツの哲学者で思想家のハンナ・アーレントが、「ナチスによるユダヤ人の大量虐殺はなぜ起きたか」「それを生み出した全体主義はどのようにしてわき起こり、なぜ止めることができなかったか」を徹底的に考えた末に一九五五年にドイツ語版を刊行した『全体主義の起原』の中で書かれたことばだ。

第一次大戦に敗れて敗戦国になったナチス台頭前夜のドイツは、世界恐慌の大波にも襲われたため、街には失業者があふれ、人々は不安に苛《さいな》まれる日々を送っていた。そんな暗い時代の社会を分析したアーレントの文章は、時を超えて、私たちが暮らす今日の日本社会のありようを的確に映し出してはいないだろうか?

自らの基盤を切り崩されて奈落の底に突き落とされた人々は、自分の中に確立していたはずの価値観や世界観をぐらつかせた末に喪失し、ついには自分自身の経験すら信じることができなくなってしまう。そんな人たちは、たとえそれがどれだけリアリティの薄いものであろうと「強いリーダー」が断定口調で繰り出す「首尾一貫」した「統一的体系」に吸い寄せられ、全体主義のほうにじわじわと引き込まれていく——。アーレントはそんな危機的状態を詳細に分析し、そうした一連の過程こそが「全体主義の起原」となるのであり、その意味で全体主義は過ぎ去った過去の話ではないと訴えた。

それはまた「アトム化」が進むいまの日本社会と無縁の話ではないだろう。ネット空間にとどまらずリアルな政治空間でも、事実と異なるヘイト言説を垂れ流す政治家や若者に影響力を持つ「インフルエンサー」らが現れて熱烈な支持を集めたり、そんな人物のお先棒を担ぐ評論家や学者、タレントがメディアで活躍したりすることは、この国ではいまやごくありふれた日常の「見慣れた光景」となっているからだ。

「誰もが同意するたった一つの真実など存在しない」

いわゆる森友学園問題や加計学園問題、さらには「桜を見る会」問題などを通して、安倍政権時代には安倍首相を始め政治家や官僚の疑惑や問題が相次いで問われてきた。だが安倍首相を始め疑惑を持たれた当事者たちは国民が納得する説明を一切行わなかっただけでなく、政権は口を閉ざし続けた官僚らをいずれも出世させるなどの厚遇を与えて「真相は絶対に解明させない」とばかりに一連の事態の幕引きを謀った。

だがこの間、ほんとうは何が起きていたのだろうか。言い換えれば、イデオロギーとは別に人々が「常識的に考えれば不合理でおかしい」事態を「おかしい」と認識しないことに加えて、政治信条が自分たちと同じ政治リーダーの言動は「絶対に正しい」と強く信じる反面、自分たちの価値観と対立する者はすべて「絶対に間違っている」と考えるのはなぜか。

その理由の一つは、人々が持っている認知バイアスという要因に加えて、ユニバーシティ・カレッジ・ロンドン教授(認知神経科学)のターリ・シャーロットが指摘するように「誰もが同意するたった一つの真実など存在しない」からだ。

シャーロットはいう。「今日の社会において、ある意見の信憑性を失わせる「データ」や「証拠」を見つけること――同時に自分の意見を裏づける情報を見つけること――は、かつてないほどたやすくなっている。(中略)矛盾しているようだが、豊富な情報が得られるようになると、人は自分の意見にもっと固執するようになる」。なぜなら「自分の考えを裏づけるデータ」は「簡単に見つけ出せる」からにほかならない。(11)

そしてそこには「世論形成においては客観的な事実よりも、たとえ虚偽であっても個人の感情に訴えるものの方が強い影響力を持つ」とされる「ポスト・トゥルース(ポスト真実)」的言説や行動も確実に影を落としているだろう。また、デジタル時代に特有のいくつかの現象がネット空間で同時並行的に起きているということもそこに重なっていたに違いない。

自分が信じたい情報を信じ、自分の意見を「正しい」と強固に信じこむことは同時に、自分とは異なる考え方を遠ざけ、排除することにもつながっていく。考えや思想を同じくする人々がインターネット上で強力に結びついた結果、異なる意見を一切取り除いた閉鎖的で過激なコミュニティを形成する現象は「サイバーカスケード」とも呼ばれる。狭いコミュニティの中で似た者同士が同じ意見に共感し合うことで自分の思想が強化される「エコーチェンバー」も含め、こうした現象が複合的に重なっていった結果、自分と同じ考えの政治リーダーはどれだけ批判されようと「絶対に正しい」と信じるとともに、自分の価値観と対立する者や対立する報道は「絶対に間違っている」と考える傾向が強まっていくのを阻止するのは容易ではない。

思い起こされるのは、アーレントのこんなことばだ。「全体主義体制下においては、どんな検証にも堪えられる信用できる情報はまったく存在せず、漠然とした、公認されない知識の奇妙な薄明の中で事はすべて運ばれていき、それについては何ぴとも敢えて語ろうとしないニュースと、何ぴとも信じないデマ宣伝との間ですべての事が起こる」[12]。

今の日本はまだ全体主義国家になってはいないが、「情報」と「ニュース」をめぐるアーレントの考察はこの国の情報と報道をめぐる実態の一断面をいいあてていないだろうか。

さらに深刻なこと

だがさらに深刻なのは次のようなことだ。すなわち、「安倍一強」体制が揺らぎを見せない中にあって、保守は保守同士、リベラルはリベラル同士、同じ考えを持つ者の間で相互確認をしながら確証バイアスを強め合っていく過程のはてに、政治に「真実」を求めようとする姿勢や「何がほんとうで何が嘘か」を見極めようとする感覚が少なからぬ人々の間で「鈍化」し、すべてを「やむをえないこと」として受け入れていく、そんな事態が進んでいたのではないか。数々の疑惑に対して安倍政権が説明責任をはたさず、この国の行く末を決める法案をめぐって強行採決を繰り返しても政権支持率が大きくは下がらずにそのつど復調したという事実は、野党の存在感と影響力のなさや、メディアの批判能力が極めて弱いという要因を別にすれば、上記のことを示す傍証であるようにも思える。

こうした点をめぐり、先述のアーレントはこう述べている。「全体主義的統治の理想的な臣民は筋金入りのナチでも筋金入りの共産主義者でもなく、事実と虚構との区別（つまり経験の現実性）をも真偽の区別（つまり思考の基準）をもはや見失ってしまった人々なのだ」[13]。

日本では「全体主義的統治」はまだ行われてはいないし、一部の人々は区別することをあきらめただけで「見失った」とまでいえるかは疑問だが、いずれにせよアーレントが指摘するのと似た事態がこの国でも進んでいるのではないかと思えてならない。

森友学園問題や加計学園問題を通して浮上した公文書の隠蔽や改竄《かいざん》、統計不正問題などをアーレントの思想に絡めながら「ポスト真実」の問題を研究してきた関西大学法学部准教授の百木漠は、「政治における嘘」において最も恐るべきは「真実が隠蔽・捏造されることよりも、こうして真実と嘘の区別自体が廃棄され、「真実への真」が失われること」だと指摘する。なぜなら「そのような状態に達したとき、権力者はもはや事実が何であるかを気にせずに、自分たちに都合の良いプロパガンダを支持者に流し込むことができるようになる(14)」からだ。

そして『嘘と政治 ポスト真実とアーレントの思想』の中ではこう警鐘を鳴らす。「「ポスト真実」の最大の問題点は、政治家たちが事実を否認してデマを吹聴するという点だけにあるのではなく、そもそも人々のあいだで事実の認識がすれ違ってしまい、まともな議論が成り立たなくなるという点にある。(中略)こうして政治的分断が深刻化し、人々の不満や怒りも鬱積していく。「ポスト真実」とともに「ポピュリズム」が世界中に波及した背景にあるのも、このような政治的分断の進行と対話・議論の無効化であったと考えられる(15)」。

そしていまの日本は全体主義社会に近づいていると指摘した。

「昨今の公文書問題を、単なる「不都合な事実の隠蔽」(＝伝統的な嘘)の問題として批判するだけで終わってはならないのは、それが以上のような「事実それ自体の破壊」(＝現代的な嘘)の次元にまで踏み込み、われわれの社会を全体主義的状況へと接近させているからに他ならない。「テロルによってイデオロギーを実現する」という全体主義社会の状況に、われわれはあともう一歩というところまで来てしまっているのではないか[16]」

では、こうした社会や言論空間の変容に対し、メディアはその変化を的確に把握した上で様々な障壁を乗り越えながら説得力のある報道を展開してきたといえるだろうか。

結論から先にいえば、メディアは特段の創意工夫もなく従来通りの報道に終始した。また朝日新聞などのリベラル系メディアは、政権やネットからの攻撃を恐れてトラブルを回避しようとするあまり、賛成・反対双方の意見を紹介する「両論併記」の手法を必要以上に多用したり、政権から反撃を受ける危険性のある問題などに関しては「リスク案件」と自ら呼んでまともに取り上げることを回避したりするなど、自分たちが「安全」と思えるエリア内（安全地帯！）での報道にとどまる姿勢を露骨に示した。あたかもそれが危機管理の要諦であるかのように。

その結果として、いまの日本では政治家を始め権力を持った者の言動を「そのまま、客観的に」伝えることが「客観報道」だと勘違いしているとしか思えないような報道が毎日のように垂れ流されている。念のため補足をしておけば、政治家の発言や役所などの発表内容を一言一句そのまま報道することが「客観的な報道」なのではない。発言や発表をそのまま速やかに伝えるのは報道に際しての「最初の第一歩」であって、記者はその発言や発表内容の真意や思惑はどこにあるのか、背景にはどんな事情が隠されているのかなどといった点をめぐって直ちに「真相に迫っていく」作業が必要不可欠なこととして求められている。なぜなら、共同通信編集主幹だったジャーナリストの原寿雄がたびたび指摘したように「報道されている事実は一つ一つ正確な客観的事実であるとしても、真実にはほど遠い。そういうことはいくらでもある」[17]からだ。

これらの論点をめぐり、朝日新聞で一時期、東京本社編集局長・ゼネラルエディター(GE)を務めたジャーナリストで作家の外岡秀俊は、朝日新聞が発行するジャーナリズム専門誌の月刊『Journal-ism』に寄せた論考の中で次のように指摘している。

「戦後の日本のメディアは総じて「中立・客観報道」を標榜してきた。よくいえば公平無私の立場で事実を積み上げ、ファクトをして語らしめる。悪くいえば、だれからもクレームをつけられない無難な報道姿勢である。(中略)だがその「王道」が、よくてトラブルをさける避雷針、悪くいえば偽りの看板であることは多くの人が知っている」[18]

なぜ「中立」で「客観的」な報道が現実には難しいのか。外岡はいう。

「ジャーナリストは、いつも特定のテーマを選別し、特定の人に取材し、特定の言葉や事実を切り取る。そのすべてのプロセスで、取捨選択は避けられず、なんらかの解釈や「意味づけ」もせざるをえない。そうでなければ、報道ではなく「官報」になってしまう。その意味で報道は、「主観性」や「立場」を排除できない。目標として、神のごとく「公平無私」を目指すのはかまわないにしても、それを実態であるかのように装うことは瞞着《まんちゃく》や詐言に近い[19]」

外岡の結論はこうだ。「「客観性」が「中立的客観」を意味するのなら、多くの場合、報道に「客観性」はない[20]」。

真実に迫る報道を

「客観報道」、言い換えれば「発表ジャーナリズム」の持つ危うさはデジタル時代を反映してさらに高まっているにもかかわらず、そのことに自覚的で危機感を持つ記者や番組制作者、メディア幹部はむしろ少数派で、深刻な危機感もほとんどまったく共有されていない。だからこそ、読者や視聴者は表面的で自己保身臭の漂う「発表ジャーナリズム」に対して物足りなさを感じ、「メディアは真相に迫っていない」との不満や怒りをいよいよ募らせているのだろう。

そうだとするならば、デジタル時代のメディアがまず行うべきことははっきりしている。ジャーナリズムの原点に立ち返り、政治や経済、社会、国際、文化などあらゆるジャンルの報道において原が指摘するような「エセ客観報道」の実態と問題点を直視した上でそれらを排し、「メディアはたしかに真相に迫っている」とイデオロギーや立場の違いを超えて多くの人々に実感してもらえるような報道実績を地道に積み重ねていくことだ。

ニュースはいかがわしいものと見なしている。とはいえ、信頼できる情報源としてのニュースは必要だ――。無限に反復される人々のこれら二つの思いを受けとめ、多くの人々の不信や疑問を払拭していくためにも、まずはメディアに携わる一人ひとりが自らを本気で変える勇気を持たなければ何も始まらないだろう。

（１）　朝日新聞二〇二二年九月二〇日　https://digital.asahi.com/articles/ASQ9M6D7BQ9KUTFK01B.html

(2) ジョルジョ・アガンベン(高桑和巳訳)『私たちはどこにいるのか? 政治としてのエピデミック』青土社、二〇二一年、八九頁。
(3) 同、一一頁。
(4) 同、一一〜一二頁。
(5) ジョルジョ・アガンベン(上村忠男・中村勝己訳)『例外状態』未来社、二〇〇七年、一〇頁。
(6) リヒャルト・フォン・ヴァイツゼッカー(永井清彦訳・解説)『新版 荒れ野の四〇年』岩波ブックレット、二〇〇九年、一一頁。
(7) [1]安倍政権は立憲主義を破壊しようとしている(WEBRONZA×朝日カルチャーセンター連携講座)。
(8) [3]日本の憲法原理にとって最悪の敵は安倍政権(同)。
(9) ハンナ・アーレント(大久保和郎、大島かおり訳)『新版 全体主義の起原3 全体主義』みすず書房、二〇一七年、二二一〜二二二頁。
(10) 同、八六頁。
(11) ターリ・シャーロット(上原直子訳)『事実はなぜ人の意見を変えられないのか』白揚社、二〇一九年、二二五〜二二七頁。
(12) ハンナ・アーレント、同、二二一五頁。
(13) ハンナ・アーレント、同、三四五頁。
(14) 百木漠「ポスト・トゥルース」『現代思想』二〇一九年五月臨時増刊号、一〇二頁。
(15) 百木漠『嘘と政治 ポスト真実とアーレントの思想』青土社、二〇二一年、二三頁。
(16) 同、五六頁。
(17) 原寿雄『ジャーナリズムの思想』岩波新書、一九九七年、一五七頁。
(18) 外岡秀俊「「中立・客観」を離れ、開かれた「公正」報道を目指せ――「多事争論」再び」月刊『Journalism』二〇二一年四月号、朝日新聞社、五頁。
(19) 同、五〜六頁。
(20) 外岡秀俊「記事は読者に負担をかけないふつうの日本語として通る文章に」月刊『Journalism』二〇一六年四月号、朝日新聞社、一二五頁。

第4章

「責任」をめぐる政治家の無責任な言動を追認するメディア

ことばへの信頼が壊されていく

この章では、政治家を始め、様々な権力を持った側の言い分を「客観報道」として垂れ流し続けるメディアの責任を、とりわけ「説明」や「説明責任」ということばにフォーカスしながら考えてみたい。問われているのは、欺瞞《ぎまん》に満ちたことばを時に操る権力者の言動を「客観的事実」として「そのまま、客観的に」伝えることで権力者の無責任なふるまいを事実上追認し、その欺瞞的行為に結果的に加担してしまっているメディアと「発表ジャーナリズム」の罪深さ、そしてそのことをほとんど意識しないままに「政府広報」や「大企業広報」の役目を日々はたし続けているメディアの傲慢さだ。

民主主義に基づいて行われる政治では「ことばがすべて」だ。ことばによって自らの政治信念を訴え、ことばによって推し進めようとしている政策を説明し、ことばによって意見や利害の異なる人々を説得して理解や共感を得ようとするからだ。先にも触れたように、安倍政権時代の特徴の一つは浮上した数々の疑惑に対し、その都度答えをはぐらかすなどのやり方でまともに答えようとしない「対話・議論の無効化」が進行したことだった。

安倍政権時代にはコミュニケーションの前提となる「ことばへの信頼」が壊されるということが進んでいたのではないか。そう指摘するのは、障がい者文化論や日本近現代文学を専門とする二松学舎大学文学部准教授の荒井裕樹だ。荒井は著書『まとまらない言葉を生きる』の中で「特に二〇一〇年代に入って以降、憎悪・侮蔑・暴力・差別に加担する言葉がやけに目につくようになってきた」と指摘した上でこう述べている。

「いろいろな評価があるだろうけれど、少なくともぼくは、あの政権(注：安倍政権)が続いた時期、この社会は決して安定などしていなかったし、むしろ根底から揺らいで、傾いて、危ない状態になったんじゃないかと思う。「なぜ、そう思うのか？」と聞かれたら、「言葉への信頼を壊したからだ」というのが、ぼくの答えになるだろう。あの政権は、国会質疑や記者会見の場で「まったく問題ない」「その批判は当たらない」といった言葉を繰り返してきた。面倒なことを説明したくない(説明できないことは話題にしたくない)という意図が透けて不信感が募った(1)」

荒井はまた、「軍が発行する特殊な通貨」で、「軍用手票《しゅひょう》」の略語である「軍票《ぐんぴょう》」ということばを使って安倍政権のありようを批判した。

「あの政権は分断や対立をあおる言葉も多かった。「こんな人たちに負けるわけにはいかない」発言も、様々な利害関係を持った国民をまとめて調整していく責務を負った立場の人の口から出たのかと思うと悲しかった。軍票的な言葉は、自分の価値が下がらないように、本当は自分に価値なんてないことがバレないように、常に敵を作り、対立をあおり、気勢を上げる無限ループを走り続ける。そうした言葉が、言葉を壊していく(2)」

「国民が納得するまで説明を続ける」と言った岸田首相

安倍政権に限らずその後の菅《すが》政権や岸田政権でも多用されているのが「説明責任」ということばだ。

例えば岸田首相はことあるごとに「国民のみなさんに対し、責任を持って、ていねいな説明を進めていく」「国民への説明を徹底していきたい」と話すとともに、疑惑が浮上した政治家に対しては「政治家本人がていねいに説明すべきだ」「説明責任を果たしてもらいたい」などのフレーズを連発する。だが現実には、岸田首相自らが国民に向かって、自分のことばで、ていねいかつ徹底的に「説明責任」をはたしたことはこれまで一度もない。

権力者が使う「説明責任」ということばの無責任な使用例は無数といっていいほどあるが、学校法人森友学園への国有地売却をめぐる財務省の公文書改竄問題で、同省近畿財務局職員の赤木俊夫（当時五四歳）が自死した責任を妻の雅子が問う訴訟をめぐる経緯もその一つだろう。この問題をめぐっては安倍政権時代に核心部分の説明責任が一切はたされていないため、納得していない多くの国民が事態の推移を注視していた。

二〇二一年九月二日、自民党の総裁選に名乗りを上げていた岸田首相はBS-TBSの番組で森友学園問題に関する再調査の必要性を問われ、「調査が十分かどうかは、国民が判断する話だ。国民が足りないと言っているので、さらなる説明をしなければならない課題だ」「国民が納得するまで説明を続ける。これは政府の姿勢としては大事だ」（傍点は筆者）と語ったと複数のメディアが報じた。

だがその四日後には早くも自身の発言について「再調査するとか、そういうことを申し上げているのではない」とトーンダウンし、再調査に否定的な考えを示した。

その後も岸田首相は「再調査等は考えていない」との姿勢を変えないままに同年一二月一五日を迎えた。雅子が国に約一億七〇〇〇万円の損害賠償を求めた裁判で、請求の棄却を求めていた国側はこの日、一転して賠償責任を認め、雅子の請求を「認諾する」として裁判をいきなり終結させて真相解明の機会を封じた。

その後の二〇二二年一月三一日、岸田首相は衆院予算委員会の集中審議で森友学園問題に関する政府の説明責任を改めて問われ、こう語った。「財務省も裁判、報告書、会計検査院の調査、検察とのやりとりを通じて説明の努力を続けてきたと承知している。財務省として説明を尽くしてきたが、今後とも必要に応じて説明責任を尽くしていかなければいけない」。そんなことばを一度は口にした岸田首相がこの問題で国民と本気で対話を試みるということはなかった。

二〇二三年一一月、神田憲次財務副大臣が辞任した際もそうだった。税理士資格を持っている神田は固定資産税を滞納して計四回もの差し押さえを受けていた。「辞任ドミノ」が続く岸田政権では第二次内閣改造後三人目の政務三役の辞任だったが、よりによって課税を担当する財務省の副大臣が滞納を繰り返していた事実が明らかになると「開いた口が塞がらない」「納税者を馬鹿にしている」などと国民の間からは厳しい怒りの声が上がった。

にもかかわらず、岸田首相はこの時も「任命責任については重く受け止めている」「政府一丸となって緊張感を持って職責を果たし、国民の信頼回復につなげていく」と他人事のように話すだけで、事態をほんとうに「重く受け止め」、本気で「信頼回復につなげて」いくというだけの覚悟はまったく伝わらなかった。

岸田首相は「説明責任」ということばをかつてないほど軽く扱った「説明責任をはたさない首相」として後世の歴史にその名を刻まれることだろう。

他方、コロナ禍が広がる中にあった二〇二〇年三月一八日、新型コロナウイルス対策への理解と協力を国民に呼びかけるためにドイツのメルケル首相が行ったテレビ演説が世界中で賞賛されたことはまだ記憶に新しい。動画をご覧になった方も多いにちがいない(https://www.youtube.com/watch?v=5-ubyQ3Tf80)。

なぜそれほどまでに国際的に高い評価を得たのか。理由はきわめて簡単だ。政治家メルケルは未知のウイルスに対して不安を訴える人々のこころにあくまで寄り添い、現場で命がけでコロナと闘う人たちを自分のことばで励ましながら国民の結束を呼びかけたからだ。

メルケルは国民にこう訴えた。「開かれた民主主義のもとで必要なことは、政治的決定を透明にし、説明すること。政府の行動を、可能な限り根拠を示して伝えること。そうすることでみなさんに理解していただくことです」。同じ政治家のことばとして比べた時、どうしてここまで違い得るのだろうとの思いを禁じ得ないのは筆者だけではないだろう。

情報源を明示せよ――NYTの厳格な匿名ガイドライン

メディアとことばをめぐる問題の延長線上には情報源に関する問題もある。メディアがニュースを発信する際、そのニュースを構成する事実は誰に取材して得られたのかについて、その情報源をニュースの中にはっきり明示するか・しないかという問題だ。

いまのニュースにはよく「政府高官は……を明らかにした」「関係筋によると……」など、情報源の実名を伏せた表現が頻繁に出てくる。だがジャーナリストの藤田博司がかつて指摘したように、情報源を伏せたニュースの場合、その情報源は「ニュースに利害関係をもつ当事者、あるいは関係者である可能性」が高く、だからこそ「その人たちの言い分を、その人たちの立場を明らかにしないまま伝えるのは、記者が一方的に情報源側の主張に加担してしまう危険」がある。(3)なぜなら、記者の情報源とされることが多い権力者にとっては、情報源を伏せたニュースのほうが自分たちにとって都合のいいことが多いからだ。情報源を伏せたニュースであれば、たとえ発言内容が間違っていたとしても権力者は自らの発言に直接的に責任を問われることがない上に、メディアを介して自らの思惑を間接的に伝えることで目の前の状況を自分に有利に動かすこともできるメリットもある。

他方、記者にとってもこうした暗黙のルールに従っていれば権力者から情報をとりやすくなり、一見すると情報源を伏せたニュースは双方にメリットがあるかのように見えるが、その裏側で蓄積されるデメリットもまた大きくなっていることに注意をする必要がある。

そのデメリットの最たるものは、情報源を伏せた形でのニュースを想定した記者が権力者と親密になる中で手に入れた情報は、相手の思惑によってコントロールされる度合が大きくなる分、正確さを欠き、またその信頼性が低くなりやすいという点にある。

そのことは、記者が取材対象者である権力者に「情報源を明示して報道したい」と伝えた場合と比べれば明らかだ。なぜなら、「情報源を明示します」と権力者に伝えた瞬間、両者の間には緊張関係が生まれるからだ。藤田が指摘するように「この緊張関係こそが本来、より正確で公正な報道を担保するものであるはず」だが、反対に「緊張関係が失われると、両者の間に慣れ合いの空気が生まれ、取材や確認の作業がおろそかにされる傾きが強く」なり、ひいては大誤報や日常的に起きている小さな誤報がより生まれやすくなる。(4)

匿名を使った報道について、アメリカのニューヨーク・タイムズ（以下NYTと表記）はどう取り組んでいるのだろうか。月刊『Journalism』二〇二三年一月号に掲載された新ルールと背景説明に関する文章を引用する形で以下紹介してみたい。(5)

二〇一五年七月と一二月にNYTに掲載された二つの誤報をきっかけに、NYTでは二〇一六年三月、「匿名の取材源を使う場合には、編集部門の最上位のエディターたちによる事前承認を義務づける」という新たな匿名報道ガイドラインが導入された。どちらの誤報も取材源はともに匿名の政府関係者だったという。

NYTは「匿名の情報源を使用することは、我々の最も重要な独自報道において最大のリスク」になるとした上で、「通常の政府や政治関連の記事や、その他多くの独自の特集記事に匿名の情報源を引用することも、読者に対する我々の信頼性を試すことになる」とする。なぜなら、「情報源の名前がないと、読者はNYTがその情報を明確に保証していると見なす」かもしれないし、「さらに悪いことには、誰かの意図の片棒を担いでいる」と見られかねないからだ。事実、「NYTのジャーナリズムに関する最大の懸念事項の一つとして、読者は日常的に匿名の情報源を挙げて」いるという。

NYTが導入した新たなルールの主な骨子は以下の通りだ。

一　記事のリード部分、つまりニュースの主要な要素が、一人以上の匿名の情報源のみに基づく場合は、特別なルールが適用される。そのような記事は、関係部門長が事前にディーン（編集主幹）あるいは（編集幹部の）マット、スーザンのいずかに提示しなければならない。その際、承認を求める理由、つまり、その記事の主要なニュースの要素が匿名の情報源に依存していることを明確に伝えなければならない。部門長は、要請があれば、情報源の身元を含め、その他の報道の詳細について話し合う準備がなければならない。（以下略）

二　すべての記事の中のあらゆる部分で使われるその他すべての匿名情報源については、事前に部門長または部門長代理の直接承認を得なければならない。（以下略）

三　（以下略）

四　注意点として、掲載にあたって少なくとも一人のエディターがすべての匿名情報源の具体的な身元を知らなければならないという厳格なルールが引き続き適用される。（以下略）

ＮＹＴが誤報を出した自らの失敗に基づき匿名報道についてのガイドラインを厳格化したことに見られるように、緊張感なき取材で安易に得られた情報に乗っかるメディアにとってその代償は時に計り知れないほど大きなものになるからこそ、メディアは情報源を匿名にした報道に安易に慣れてはならない。政治報道や事件報道に携わる記者を始め、それ以外の分野の報道も含めて、記者や番組制作者はそのことを改めて深く肝に銘じる必要があるだろう。

フランスの作家、アルベール・カミュはかつて、ジャーナリストとは「その日その日の歴史家」なのだといった。そしていうまでもなく、歴史はことばで刻むものだ。権力者の欺瞞的なことばについて、また自らのことばの欺瞞的な使い方に関しても、メディアはこれまで以上に自らの感覚を研ぎ澄ましていく必要があるだろう。なぜなら空疎なことばをいくら積み重ねても、「その日その日の真実」

には決してたどり着けないだろうからだ。

（1）荒井裕樹『まとまらない言葉を生きる』柏書房、二〇二一年、七〜八頁。
（2）同、一〇頁。
（3）藤田博司『どうする情報源　報道改革の分水嶺』リベルタ出版、二〇一〇年、二二頁。
（4）同、一三〜一四頁。
（5）「NYT紙厳格化された匿名報道ガイドライン・全文」（文・翻訳／城俊雄）月刊『Journalism』二〇二三年一月号、朝日新聞社、一〇〜一三頁。

第5章

GAFAをめぐる闘い

——欧米と日本の落差はなぜ

「GAFAと日本株全体の時価総額が逆転」

「GAFA」――。デジタル空間におけるサービス分野で世界的なシェアや独占的地位を誇る米国の巨大プラットフォーマー(以下PFと表記)四社、Google、Apple、Facebook(現Meta)、Amazon の頭文字をつないだ造語だ。

デジタル時代のいま、ありとあらゆるビジネスがスマートフォン上に集約されつつある。四社は検索エンジンやスマホ、SNS、ショッピングサイトなどに関して世界最大級のプラットフォームを持ち、私企業でありながらも各社が提供するサービスは私たちの生活に深く浸透して日々の暮らしやビジネスを支える事実上の「社会インフラ」として機能している。またそれだけでなく、これら一部のテクノロジー企業は「政府に匹敵する地政学的影響力をも持ち始めている」との指摘(国際政治学者のイアン・ブレマー)もされるほどの存在感を世界に向かって示している。

二〇二一年八月二六日、日経新聞は「GAFA(親会社のアルファベット含むグーグル、アップル、フェイスブック、アマゾン・ドット・コム)と日本株全体の時価総額が逆転した」と報じて注目を集めた。(1) それによると、GAFA四社合計の時価総額が七兆五〇〇〇億ドル(約七七〇兆円)だったのに対し、日本は六兆八六〇〇億ドルにとどまったという。

ネット空間でこれほどまでに巨大な存在にのし上がったGAFAだが、その半面、四社は「市場を独占していて公平な競争が阻害されている」「利益に対する納税額が低すぎる」など様々な批判を浴び続けている。中でも利用者に無料のサービスを提供する見返りとして、利用者本人の同意がないまま集められた様々な個人データをマネタイズ（収益化）するＧＡＦＡ特有のビジネスモデルは、人類史上初めて私たちのアタマの中や行動自体をある種の「先物商品」として取り扱った結果、ＰＦによる度重なる大量の個人情報流出や、プライバシー侵害を始めとする様々な個人データの悪用への恐れなどの深刻な問題を次々に引き起こしている。

ネット上の事実上の「ゲートキーパー」としてふるまうＰＦに対しては欧米で分割論や解体論まで飛び出すなど、ＧＡＦＡはいま逆風にさらされてもいる。欧米各国の政府や規制当局は「市場独占を切り崩す必要がある」などとして急成長したＰＦに対する対決姿勢を強めるとともに、規制の包囲網を狭める動きを見せているからだ。

これに対し、日本でも規制に向けた動きが始まってはいるが、欧米との「落差」はあまりにも大きい。それは一体なぜなのか？　この章ではＧＡＦＡに対する欧米と日本の取り組みの違いやその理由を探りながら、ＧＡＦＡとの闘いがメディアと「信頼」の問題にどのように密接に絡んでいるのか、ＰＦとの関係でメディアは何を、どうすべきかを多面的に考察していきたい。

「監視資本主義」の現実とは

まずはＧＡＦＡのビジネスに典型的にみられる「デジタル資本主義」の手法をめぐる問題点を考えるところから始めよう。

人間のあらゆる行動や思考から、さらには身振りや体温、心拍数など体の微細な変化に加えて、喜び、怒り、悲しみ、驚き、恐れといった様々な感情までを本人の同意もないままに「監視」の対象としてデータに変換し、それらのデータをひたすら蓄積しながら新たなビジネスを創り出していく、それがデジタル資本主義だ。

その生体監視のプロセスはちょうど、人間が本来持っている自由や主体性、プライバシーから、さらには自己決定権までもがすべてはぎ取られ、喪失していく過程と重なり合っている。しかも、それほどまでに個人情報に執着してありとあらゆるデータを集めていくPFの行動原理は何かというと、公共性とはまったく無縁の一私企業による「株主利益の最大化」でしかない――。

そんな強欲なデジタル資本主義のやり方について、ハーバード大学ビジネススクール名誉教授のショシャナ・ズボフは「監視資本主義(surveillance capitalism)」と名付けて警鐘を鳴らしている。著書『監視資本主義――人類の未来を賭けた闘い』の中でズボフはいう。

「監視資本主義は人間の経験を、行動データに変換するための無料の原材料として一方的に要求する。これらのデータの一部は、製品やサービスを向上させるために使われるが、残りは占有的な行動余剰と宣言され、「人工知能」と呼ばれる先進的な製造プロセスに送られ、わたしたちの行動を予測する予測製品へと加工される。最終的にこれらの予測製品は、新種の行動予測市場で取引される。その市場をわたしは行動先物市場と名づけた。監視資本主義者はこうした取引から莫大な富を得た。なぜなら、わたしたちの未来の行動に賭け金を投じようとする企業は無数にあるからだ。(中略)監視資本主義者は、市場競争に後押しされて、より正確な予測を可能にする行動余剰を捕捉しようとする。その余剰とは、わたしたちの声や人格や感情だ。さらに監視資本主義者は、わたしたちをただ観察するだけでなく、説得し、なだめ、調整し、駆り立てることで、より正確な予測を可能にする行動データが得られることに気づいた。競争の圧力がもたらしたこの変化により、自動化された機械処理は、わたしたちの行動を知るだけでなく、形成するようになった。すなわち、わたしたちに関する情報の流れを自動化するだけではもはや十分ではなく、わたしたちを自動化することが目指されるようになったのだ」(2)（傍点は原文）

そしてその先に行き着いた光景をこう描く。

「監視資本主義の製品とサービスは、価値の交換の対象ではない。また、生産者と消費者を互恵的に結びつけるものでもない。それらは、抽出しやすい場所にユーザーをおびき寄せる「餌」なのだ。そこでは、わたしたちの経験は掻き集められ、他者の目的を果たすために箱詰めにされる。監視資本主義にとってわたしたちは「顧客」ではない。「無料なら、あなたが商品だ」とよく言われるが、それも当てはまらない。わたしたちは監視資本主義の商品ではなく、余剰の源泉であり、原材料抽出操作の対象なのだ。監視資本主義の真の顧客は、行動の先物市場で取引する企業である。この論理は、普通の生活を、日々更新される二一世紀のファウスト的契約に変えた。「ファウスト的」と呼ぶのは、生活が破壊されるとわかっているのに、否応なくその契約を結んでしまうからだ」(3)

ＧＡＦＡが提供する様々なサービスを自分の意思で享受しているつもりになっている私たちは、実はＧＡＦＡの巨大な手のひらの上ですべての個人情報を「生体監視」され、「ハッキング」された末にデータを「収奪」してかまわない存在とみなされているにもかかわらず、当人たちはその事実に一向に気づかず、毎日を「快適に」過ごしている。そんなディストピアの世界、これが監視資本主義の現実だ。

「二一世紀の人権宣言」――EUのGDPR

こうしたデジタルビジネスを展開するPFを規制することについて、欧米で最も熱心に取り組んでいるのが欧州連合(EU)だ。『EU一般データ保護規則』(勁草書房、二〇一八年)などの著書がある中央大学教授(憲法、情報法)の宮下紘によると、EUは一九九五年に早くも「EUデータ保護指令(Data Protection Directive 95)」を採択し、「個人データ保護」をめぐる様々な議論を積み上げ始めた。当時、インターネットを利用していた欧州市民はまだ約一%にすぎなかったという。

その後二〇一〇年代に入ってから、PFの市場支配力が急激に伸びていくことに対する懸念が強まるとともに、「プラットフォーマーをターゲットにした事前規制を整備すべきだ」との危機感に裏打ちされた声が世界中で上がり始めた。これを受けてEUでも「さらに強力で一貫したデータ保護の枠組みを構築する必要がある」との観点から本格的な見直しを進めた。

「ヨーロッパにおいてプライバシーは重要な問題である。それは人間の尊厳にかかわる問題だ」。二〇一六年、欧州議会の一般教書演説で、EU欧州委員会のユンケル委員長はそう宣言した。委員長のこの宣言について、宮下は「ヨーロッパ人は、大企業が個人のデータをかき集めてその人の人物像を特定するプロファイリングのようなスキームや、人々をデータで処理してコンピューターで検索していこうとする発想自体がそもそも嫌いで、ヨーロッパのDNAとしてはとても受け付けられないという姿勢を象徴するような演説だった」と振り返る。

ＥＵは二〇一六年、ネット上の個人データに関する保護を「基本的人権」と位置づける「一般データ保護規則(ＧＤＰＲ、General Data Protection Regulation)」と呼ばれる規制を法案として成立させ、二〇一八年五月に導入した。「個人情報保護としては世界で最も厳しい」とされるこの保護規則は別名「二一世紀の人権宣言」、または「インターネット時代の権利章典」ともいわれ、今日にいたるまで世界中の多くの企業に影響を与えている。

巨大ＰＦは、ＧＤＰＲが適用された二〇一八年以降の世界を、それ以前の世界とはまったく違った様相でとらえているに違いない。なぜならＧＤＰＲ導入後はこのルールが適用されても通用する行動を展開していかなければ、自らの信用を急速に失って企業存続すら困難になっていくかもしれないからだ。

さかのぼれば、欧州委員会がＧＤＰＲ提案を公表したのは二〇一二年のことだった。この時からＧＤＰＲの二二条には「ダイレクトマーケティングを目的とする個人データの処理について、データ主体は、いつでも無償で異議申立権を有する」との規定が入っていたことに加えて、二二条には履歴データから個人像を特定する「プロファイリングを含むもっぱら自動処理に基づく決定をされない権利」がすでに盛り込まれていた。

この原稿を執筆している二〇二三年の時点からみても先駆的といえるこうした内容について、宮下は「ＧＤＰＲが最初に公表された二〇一二年当時、行政も含め、日本人はそもそも「プロファイリングとは何か」ということを理解していなかった」と指摘する。その上で、「「プロファイリング」という言葉を流行らせたのもこの二二条だった。その時点からＥＵが「プロファイリングの対象とならないような権利」をGDPRの条文にしっかり組み込み、それを「人権」として扱っていた点は実に革新的だ」とEUの取り組みを評価する。

二〇一八年六月、ヨーロッパにおけるこのGDPR導入の動きを伝えた朝日新聞によると、GDPRが規制する対象の個人情報は名前、住所、メールアドレスのほかインターネットでの商品の購入記録までと幅広く、企業や団体は個人から明確に許可をもらわない限り原則としてこうした情報を広告や市場調査などに使えなくなった(4)。

EU加盟国にアイスランド・ノルウェー・リヒテンシュタインを加えた「欧州経済地域(EEA)」外に情報を持ち出すことも原則禁止となり、こうしたルールに従わず、企業が持っている個人情報が外部に漏れたり情報を無断で使ったりして違反が発覚すると、制裁金として「最高額は全世界の売上高の四%以内か、二〇〇〇万ユーロ(約二六億円)以内か、どちらか多い方」が科されると記事は報じた。GDPRにはまた、企業が自分のどんな個人情報を持っているかを知る権利や、その情報を他企業に移せる「データポータビリティ権」も盛り込まれたことに加えて、ネット上の自分の個人情報を消すことを要求できる「消去権(忘れられる権利)」も含まれるなど極めて画期的な内容となった。

DMAとDSA――安全なデジタル空間を創出してイノベーションを促進するために

さらにEUは二〇二二年三月、巨大IT企業が独占的地位を利用してオンラインビジネスを行うことを制限する「デジタル市場法(DMA、Digital Markets Act)」の制定で合意。また四月には巨大IT企業に対してオンライン上の違法コンテンツの排除や広告の適正表示を義務づける「デジタルサービス法（ＤＳＡ、Digital Services Act）」を制定することでも合意した。

極めて重要なＤＭＡとＤＳＡの目的について「欧州委員会は①デジタルサービスの全利用者の基本的権利が保護される、より安全なデジタル空間を創出すること②欧州単一市場とグローバルの両方で、イノベーション、成長、競争力を促進するための公平な競争条件を確立することの二つであると説明」した。(5)

とりわけＤＳＡ法では、欧州の消費者人口にあたる約四億五〇〇〇万人のうち一〇％以上にリーチするＰＦを「超大規模オンライン・プラットフォーム（ＶＬＯＰ、Very Large Online Platforms）」と定義した上で、違法なコンテンツに対する具体的な対策を求めるなどの「特別なルールや責務を課す」とした。そこまで大規模な事業を展開する以上、事業者には健全な公共空間を構築・維持する厳しい責務が課せられて当然であるとのＥＵ側の問題意識がそこに反映されたとみることができるだろう。

ＤＳＡではヘイトスピーチや児童ポルノ、デマなど違法性の疑いのあるコンテンツについては利用者からの通報を受けたら排除することを義務づけているほか、ネットの閲覧履歴をもとに利用者が関心を持ちそうな広告を送るターゲティング広告の禁止なども求めている。さらにはＤＳＡに盛り込まれた、利用者の嗜好や興味関心に合いそうなコンテンツを表示させる「レコメンド（おススメ）機能」などに関する「アルゴリズムの透明化」を求めた点も注目に値するだろう。これらはみな巨大ＩＴ企業が得意とするビジネスモデルにメスを入れようとするものだからだ。

ヨーロッパが個人情報に敏感に反応する理由

プライバシー保護や個人情報の取り扱いに対するヨーロッパのこのような徹底的でセンシティブな反応の根源には何があるのだろうか。そう考えて歴史を遡ると、第二次世界大戦でナチスが行ったあることに行き着く。すなわち、ユダヤ人に対する大量虐殺だ。

二〇一三年、宮下は国際会議でポーランドの首都ワルシャワに出かけた。会議の合間にアウシュビッツ収容所を見学に訪れた宮下は、狭い場所で数百万人ものユダヤ人の個人情報をナチスがどうやって管理したのかを案内係の女性に尋ねた。すると目の色を変えて怒りの表情を露にした女性が「IBMがやったのです」といって紹介してくれたのが『IBMとホロコースト――ナチスと手を結んだ大企業』(エドウィン・ブラック著)という一冊の本だったという。同書にはこんな一節がある。

「ヒトラーが権力の座に就いたとき、ナチの主要な目標はドイツ国内に六〇万人いるユダヤ人を特定し、絶滅することであった。(中略)まずはユダヤ人を発見し特定しないことには、資産没収、ゲットーへの封じ込め、強制移送、そして最終的には殲滅《せんめつ》、といったこともできない。ドイツ全土で――そして後にはヨーロッパ全土で――共同体、教会、および政府の記録を何代にもわたって調べることは、膨大な相互参照作業となるため、コンピューターが必要であった。しかし一九三三年当時に、コンピューターは存在しなかった(6)」

しかし、別の機械は存在した。それが、厚手の紙に空けた穴の位置で情報を記録することのできる、「コンピューターの先駆である」IBMのパンチカードと、カード選別システムだった。

「ＩＢＭは、主にドイツ子会社を通して、ヒトラーのユダヤ人絶滅計画を同社が追求する技術上の使命に重ね、恐ろしいほどの成功を収めた。ドイツＩＢＭは、人種絶滅の自動機械化というかつて行われたことのないことを、自社のスタッフと設備を用いて設計・実行し、ヒトラーの第三帝国がそれを達成するのに必要不可欠であった技術的支援を提供したのである。二〇〇〇台を超えるそのような機械がドイツ全土に出荷され、さらにヨーロッパのドイツ占領地域全域に数千台が出荷された。カード選別機システムがすべての主要強制収容所に確立された。人々はあちらからこちらへ運ばれ、システマティックに死の強制労働に投じられ、死ぬとその遺体は冷酷な自動機械化システムにより番号を登録された(7)」

ヒトラー政権は一九三三年四月、全ドイツ国民を対象とした国勢調査を実施した。その際、ユダヤ人のあぶり出しには六〇列×一〇行からなるパンチカードが使われたのだという。居住地域、性別、年齢、子どもの数、現在の職業など詳細な個人情報がすべて入力され、あとはその単純な情報を相互参照してひたすら選別を繰り返す過程でユダヤ人の存在をあぶり出す「死の計算作業」が行われたとされる。

「誰も逃れることはできなかった。これは人類がかつて経験したことのない事態であった。これほど多くの人間がこれほど正確に、これほど静かに、これほどすばやく、これほど遠大な結果をもたらすよう身元を特定されたことは、かつてなかった。情報時代の夜開けは、人間の尊厳の落日とともに始まったのである(8)」

「GAFAの天敵」学者らが政権入り――アメリカの対応

他方、アメリカのGAFAに対する姿勢も極めて厳しい。二〇二〇年の米大統領選で一時は民主党の最有力候補に浮上したエリザベス・ウォーレン上院議員(その後の指名争いで撤退)は一九年、「市場を独占して競争をゆがめている」などの理由から「GAFAを分割せよ」との持論を展開してGAFA側を震え上がらせた。

トランプ政権ではGAFAに対し米議会が反トラスト法(独占禁止法)違反の疑いで調査も始めた。また二〇二一年一月に就任したバイデン大統領は、国家経済会議(NEC)でテクノロジー・競争政策を担当する大統領特別補佐官にコロンビア大学法科大学院のティム・ウー教授を起用して注目を集めた。同教授は「GAFAの天敵」ともいわれ、PFによる市場独占に対する批判を展開する論客としても知られる人物だ。

こうした人事の背景には「GAFAが市場を独占するあまり公正な取引が阻害され」、結果として「肝心のイノベーションが起こりにくくなっている」との問題意識と危機感があるとみられている。またバイデン大統領は米連邦取引委員会(FTC)委員長に「アマゾン批判の急先鋒」として著名なコロンビア大学法科大学院のリナ・カーン准教授も指名した。

リナ・カーンが率いるFTCとニューヨークなど一七州は二〇二三年九月、アマゾンが通販サイトで他の事業者の競争を阻害したとして、反トラスト法違反で同社を提訴した。FTC側の主張が認められれば、アマゾンが展開しているネット通販事業などのビジネスの根幹を揺るがす事態に発展する可能性もある。米規制当局はすでにグーグルやメタも独禁法違反で提訴しており、巨大ＩＴ企業の取り締まりを本格化させている。

他方、これに先立ち二一年六月には、米下院の超党派議員らが巨大ＩＴ企業への規制を強化する五つの法案を提出したと朝日新聞が報じた。(9) 記事によると、提出されたのは①プラットフォームによる独占禁止②プラットフォーム上での自社製品やサービスの優遇禁止③競争を阻害するような買収の禁止④利用者が、プラットフォームから他社サービスに乗り換えやすくなるよう、データ移行などを容易に行えるようにする⑤規制強化の財源に充てるため買収の申請料を上げる——という内容の五つの法案。「プラットフォーム」については、「米国内の「一般の月間アクティブユーザーが五〇〇〇万人」、「時価総額六〇〇〇億ドル（六六兆円）」を超える企業と定義し、ＧＡＦＡを明確に標的にした」と報じた。

また二〇二三年一月、米司法省はグーグルによる「反競争的な行為」がデジタル広告市場をゆがめたとして、同社を反トラスト法違反の疑いで提訴した(10)（第９章参照）。報道によると米司法省は、広告に関わる需要と供給を瞬時に結び付け、収益につなげる同社のデジタル広告事業について一部を切り離すよう求めているという。

「グーグルは、ライバル企業の積極的な買収などを通じて、デジタル広告を出したい企業側と、広告枠を販売するウェブサイト側、さらに両者をつなぐ取引市場といった、デジタル広告を成り立たせているすべての分野で事業を展開する。米司法省は、こうした状況が、市場参加者がグーグルのシステムを使わざるを得ない状況をつくりだし、競合する技術の台頭の阻止や、広告コストのつり上げなどにつながったと批判。「グーグルは一五年にわたって反競争的行為の道を歩んできた」」と記事は伝えている。

「最初の一歩か二歩の議論が始まった段階」の日本

こうした欧米の厳しい姿勢と比べ、日本はこれまでどう対応してきたのだろう。

公正取引委員会は二〇一九年、PFが提供する「デジタルプラットフォームにおける個人情報等の取得又は当該取得した個人情報等の利用」について、どのような行為が優越的地位の濫用につながり得る行為として問題となるかに関する見解を示した。それによると、「利用目的を消費者に知らせずに個人情報を取得すること」や「利用目的の達成に必要な範囲を超えて、消費者の意に反して個人情報を取得すること」などの行為はいずれも独禁法上問題となり得るとの考えを明確化した。

また政府は二〇二〇年五月、「特定デジタルプラットフォームの透明性及び公正性の向上に関する法律」を成立させた。この法律では、特定デジタルプラットフォーム提供者に対し、「取引条件等の情報の開示や自主的な手続・体制の整備」を行い、「実施した措置や事業の概要について、毎年度、自己評価を付した報告書を提出」することを求めるとともに「利用者に対する取引条件変更時の事前通知や苦情・紛争処理のための自主的な体制整備」などを義務付けた。

他方、公取委が二〇二一年二月にまとめた「デジタル広告分野の取引実態に関する最終報告書(概要)」では、「媒体社がポータルサイト等においてコンテンツを提供し広告収入を間接的に得る方法」が取り上げられ、「配信料の算出過程に関する情報が開示されず、自らが適正な収益を得られているのかという不信感がある」といった媒体社の不満の声が紹介された。

紙幅の関係でここでは触れない他の取り組みも含め、日本でもGAFAの規制に向けた取り組みが様々な形で始まっていることはたしかだ。とはいえ、国家として世界的な企業のPFとどんな理念のもとに向き合って規制を実行していくのかという大局的な観点からの議論や、核心に迫る対応はまだこれからという段階だ。その過程でGAFAの日本法人などに対し議論への積極参加に向けた動機づけをいかにして高め、日本での実質的な協働関係をどうやって築いていくか、今後の展望を見通せる地点には至ってはいない。

公正取引委員会委員長の古谷一之は二〇二一年のインタビューで、「今や、欧州も米国も、かなり競争法の執行を強化していますが、それに対して日本の公取委は「本当にプラットフォーマーにぶつかる努力をしているのか」「楽天やヤフー、巨大なGAFAにもっと厳しく当たるべきだ」という声の方が大きい」と認めつつ、「当然、我々も強い関心と問題意識を持ってGAFAの動きは見ています」と強調した。ただ同時に「プラットフォーマーの問題は本当にまだまだ最初の一歩か二歩の議論が始まった段階」だと認めた(11)。

ただそんな中、ポジティブな動きも出始めている。公取委は二〇二三年九月、ニュース記事を配信するポータルサイトを運営するヤフーなどのPF事業者と、記事を提供する側の新聞社などメディア各社の取引実態に関する調査報告書を公表したからだ。この中で公取委は、PF事業者六社がメディア各社に支払う記事使用料の平均値(一〇〇〇ページビューあたり約一二四円、二〇二一年度)を初めて開示するなどの踏み込んだ内容を明らかにした。

また消費者にとってはPFを経由してニュースを読む機会が増える中にあって、特にヤフーに対しては「優越的地位にある可能性」を指摘するとともに、記事の使用料が圧倒的に安いケースは「独占禁止法上問題となる」と警告。またヤフー以外のPF事業者についても「優越的地位にある可能性は否定されない」との見解を示した点も重要だろう。

公取委は前年の二〇二二年一一月からニュースサイトや検索サイトを運営するPF事業者に対して聞き取り調査を実施するとともに、新聞社や出版社などのメディア側や消費者にもアンケートを行ってきたが、今回の調査の狙いについて「ニュースコンテンツが国民に適切に提供されることは、民主主義の発展において必要不可欠」と報告書で指摘したことも特筆すべき点だ。デジタル空間においてもニュースは民主主義社会の貴重な公共財なのだという認識を、独禁当局である公取委が明確に持っていることがわかったという意味でも意義のある報告書となったといえるだろう。

また米グーグルがスマートフォン端末の初期設定をめぐり、自社の検索サービスを優先的に入れるようスマホメーカーに圧力をかけていた疑いがあるとして二〇二三年一〇月、公取委が独占禁止法違反の疑いで同社に対する審査を開始したとメディア各社が報じた。このうち朝日新聞は「関係者によると、グーグルは端末メーカーに対し、出荷時のスマホにグーグルの検索アプリを搭載するよう求めたほか、端末画面上でのアプリの配置先を指定。またライバルの検索アプリを端末に搭載しないことを条件に収益の一部をメーカー側に分配していた疑いがあるという」と報じた。[12]

白黒の決着はつけず、すべてを「グレーゾーン」に落とす

これまで述べてきたように、ＰＦに対する規制をめぐり、日本ではヨーロッパのような鋭い問題意識や危機意識を背景にした動きは現時点ではまだ起きていない。その理由をどう考え得るか、先述の宮下に尋ねた。

「ヨーロッパは「プライバシーは人間の尊厳の問題であり、人権問題だ」という理念を一切譲らず、アメリカとの交渉でもその点はまったくぶれていません。そうした柱となるような哲学的信念というか、拠って立つ理念がないと難しいのではないか」。それが宮下の答えだ。

では、歴史的に培われた理念や信念がこの国にはないと仮定すると、いまの日本政府はどんな理念的根拠をベースにＧＡＦＡと対峙し、その先にどんなグランドデザイン(全体構想)を描こうとしているのだろう。宮下の見方はこうだ。

「日本の場合はすべてが「逆算」で動いているのです。例えば通常国会が一月に開かれるとすると、そこに向けて法案を間に合わせようとして、そのタイミングから逆算して有識者会議や第三者委員会などが開かれ、あとはその日程に沿って取りまとめ作業を進めて法案を作ろうとする。そして「ガイドライン行政」というか、意見が対立した場合も「グレーゾーン」をそのまま残しておいてその場では白黒の決着はつけず、あとは「運用に任せる」みたいなことになりがちで、「グレーゾーン」に落とす」というのが日本流のやり方です」

さらにもう一つ特徴的な考え方が日本の役所にはあり、それが「データの利活用とデータの保護は二律背反の関係にあって相互に矛盾する」という考え方だと宮下はいう。

「要は、データを使えば使うほどいいのであって、そこに個人情報などというものが絡んできたらビジネスやイノベーションの足かせになる、要は個人情報を保護すればデータの利活用が減るという発想です。でも、この発想自体が決定的に間違っていると私は考えています。ヨーロッパではまったく逆で、自分個人のデータが決定的に保護され、プロファイリングの対象にもならないし世論誘導に使われる道具にもならないということがはっきりすれば、逆にそれだけデータの利活用が促進されるという考え方です。なぜならそこには自分のデータの使われ方に対する「信頼」が生まれているからです」

日本の企業は「データ保護はマイナス」というイメージを持っているのではないか、宮下はそうも指摘する。「ビジネス側には、データを徹底的に保護することで相手に信頼感を与えて、その結果、積極的な利活用につなげていこうという発想が乏しい。つまり、データ利活用の前提になるのが保護なのだという発想がない。他方、規制当局のお役所では「バランス」ということばをよく使います。でも、問題は保護と利活用のバランスではありません。「プライバシーを徹底的に保護するからこそ、そこにデータの利活用が生まれる」というのがＥＵのＧＤＰＲを貫く発想なのですが、それが日本の役所には見えていない」。

では、日本は今後どうしたらよいのだろう。はたして日本に活路はあるのか？

宮下の考えはこうだ。「ＥＵではＧＤＰＲを作る議論に四年の歳月を費やしました。その時間軸の長さから日本は学ぶべきではないでしょうか。また「何を守りたいのか」という肝心の議論がなく、「国際的に厳しくなったので規制しましょう」では賛否両論がまとまらないのは当然です」。

そしてこう指摘する。「個人データの保護は人間の尊厳の問題でもある。「そのデータをユーザーに開示しないというのであればあなたはもう市場から退場していただくしかない」というぐらいの大きな変革の流れを今後の日本で作っていく必要があると私は思います。それを総務省がやるというのは難しいでしょうから、火つけ役はやはり政治、問題意識をしっかり持った政治家の役割と出番ではないかと考えています」。

「アテンション・エコノミー」というやっかいな課題

これまで縷々《るる》述べてきたＧＡＦＡとの闘いが、メディアと「信頼」の問題に具体的にどう絡んでくるのか。その答えを端的にいえば、メディア各社はＧＡＦＡなどが作り上げたデジタル上の土俵（プラットフォーム！）にすでに深く絡めとられていて、その一方的ともいえる非対称な力関係の中で競争するしかない状況に置かれているということだ。

中でも厳しく問われているのが「アテンション・エコノミー（関心を競う経済、以下ＡＥと表記）」をめぐる対応だ。ＡＥとは、ＳＮＳ上においてニュースや情報などに関する発信内容の経済的価値が、その「質」や「重要性」といった情報自体の優劣よりも、人々が示す「注目度（アテンション）」で決まるとされる経済概念のことだ。ＰＦ側は、利用者の閲覧記録や視聴記録などをすべて把握した上で、本人に最適化したコンテンツを直ちに予測・提示して利用者をなるべく長時間にわたって惹きつけようとするとともに、そこで獲得した利用者のアテンションを広告主に販売して収益を上げる仕組みをフル稼働させている。

人々の興味関心を集めることのみを重視するＡＥは、同じ価値観を共有する人とだけ共感しあうエコーチェンバー現象を生みやすく、またアテンションの獲得に熱を入れるあまり広告やコンテンツの質の低下にもつながっていると指摘されている。そしてメディアはそうしたビジネスの一端にすっぽりと取り込まれている以上、仮に記者がいくら丹念に事実を集め、時間をかけて「深い」内容の記事を書いたとしても、その記事の「注目度(クリック数など)」が低ければ経済的価値が生まれにくいとあって、業績不振にあえぐメディア企業は矛盾に満ちた対応を余儀なくされているという現実がある。つまり、対外的には「公共性を担うジャーナリズム企業である以上、AEに一方的に引っ張られるようなことはしない。十分に注意している」などとしながらも、その実、現場の記者に対しては上司であるデスクが「とにかくPV(ページビュー)が稼げる記事を書いてほしい」との本音をあからさまに口にするといった実態がいまだに続いているのだ。

例えば新聞社のある支局では、予想以上のPVを獲得した原稿を書いた記者に対し、興奮したデスクが支局員らの前でPV数に何度も触れながら絶賛したという。PV数以外に「読者に届いた」ことを示す指標が見つからないとの思い込みがあるからなのか、少なくともその瞬間、デスクの頭からは「ジャーナリズムに真摯に取り組む記者として、AEに抗いながらどんな記事を書くべきか」といった問題意識が吹き飛んでしまっているのだ。

「メディア不信」が深刻化する中、何とか「信頼」をつかもうと焦ったメディアが人々の興味関心に近づこうとするあまり、人々の関心事であるPV数に過度に吸い寄せられたあげくに公共メディアとしての「公共性」が揺らいでしまう危うさ。しかもそのことに対してほとんど自覚がないまま日々の業務に忙殺されている者も少なくないという現実。そんな悲喜劇が二〇二三年の後半の時点で、メディア各社の内部ではまだ繰り返されているのだ。

では、メディアはＰＦとの関係をどうすべきか。

改めて指摘するまでもなく、報道において「読者や視聴者にどれだけ新鮮で強烈な「刺激《アテンション》」を提供できるか」ということをメディアが本気で追求するようになってしまっては、そのメディアは早晩、社会から「公共メディアとして失格」とみなされるだろう。

だからこそメディアは、たとえ経営的にどれだけ苦しくとも、公共メディアとしての立場を厳守しながら、ＡＥとは適切な距離を取ると同時に「人々に信用される情報とはどういうものか」「信頼できるメディアとして生まれ変わるためにいま何が必要か」という目の前に突きつけられた課題に積極果敢に取り組み、ＡＥに絡めとられない、それでいて人々の「信頼」を取り戻し得るような新たな報道のあり方を模索・実践していく覚悟が問われている。

「デジタル再販制」でジャーナリズムを守る？

そんな中、メディアとＰＦの関係をめぐっては一部に先走ったともいえるような議論が現れ始めている。デジタル空間におけるメディアとＰＦの力関係があまりにも非対称でこのままでは民主主義を壊しかねないとの危機意識などから、政府が新聞社などに法的な特権を与えることで保護している現行の再販売価格維持制度をそのままデジタル上に移行し、既存メディアにいわば「制度上の下駄を履かせる」やり方でＡＥの強力な磁場から抜け出せる「デジタル再販制度」のような仕組みを今後導入・整備するなどの方策を取ってジャーナリズムを守っていこうという議論だ。

ジャーナリズム擁護の立場に立った議論の一種ともいえ、PFとの非対称関係を解消に向けて動かすアイデアの一つとしては検討する価値があるが、その一方でよく考えてみれば物事の順序を無視した一方的で唐突な議論であるともいえるだろう。なぜなら、再販制度を始めとしてメディアが現在政府から与えられているいくつかの特権(利権)に対してはかねてより厳しい意見が数多く指摘されているからだ。そうした現実をまずは直視し、批判については既存のメディア側が真摯に受けとめるべきで、そこでは第三者による日本の再販制度の現状と問題点の検証作業も必要になってくるだろう。

既存のメディアに最初から救いの手を差し伸べるようなデジタル再販制度に関する議論に対して、メディア各社はこぞって賛成の立場を表明することも予想されるが、そうした特権的な制度保証をメディアに与える必要があるかどうかについては、まずはすべて白紙の状態から、多くの国民が参加できるオープンな場での長時間にわたる議論が必要不可欠だ。欧米では現実にそうした動きがすでに始まっているのだとしても、日本には日本の実態と歴史的経緯がある。その点、デジタル再販制度をめぐる議論が、メディアに絡む利害関係者で構成される一部有識者による先行的な非公開の話し合いをもって早急に結論を急ぐことなどが行われていいはずがない。

そして仮にAEをめぐる刺激競争からメディアが一定の制度保証を受けることになるとしても、そのためにクリアすべき必須の大前提として、まずはメディア側が例えば日々報道する記事や番組の取材プロセスをめぐり、これまでのレベルと内容をはるかに超えた情報公開によって自らの説明責任を十全にはたすなどといった大胆な自己改革を先行して行わなければならないことはいうまでもない。そしてその議論と現実の経緯を多くの国民がしっかりウォッチして相当数の人々が納得した上でない限り、「デジタル再販制度」をはじめとする新たな制度保証（＝特権）を安易にメディアに与えてはならない。いくらAEの力が強いからといって、メディア企業の存続を無前提に保証してもこの国の言論状況は決してよくはならないであろうことは、戦時中を始めとしてメディアがこれまで繰り返してきた様々な「負の歴史」が如実に示しているからだ。

他方、メディアにとってPFは本来的（また将来的）にも「敵」ではなく、ともに健全なメディアエコシステムを模索しかつ築き上げていく戦略的なパートナーなのだという視点が今後ますます重要になってくるのは疑いの余地がない。またニュースコンテンツを扱うPF側も、自らの影響力や役割の大きさをもっと自覚した上で、それらに見合った相応の公共的責任や社会的責任を積極的にはたしていく覚悟を持つべきだろう。

加えて、詳細は第9章で述べるが、AEを使ってネット空間におけるデジタルビジネスを支配しているPFに対し、どんな手法やアルゴリズムでユーザーの個人情報やデータを「収奪」しているかについて、データ主体であるユーザー本人から開示請求があれば拒否できないとしているEUのGDPRの一三条や一四条のロジックを踏まえれば、現在は完全に「ブラックボックス化」している自社のそうしたインサイド情報を可能な限り社会に対し「可視化」を図っていく取り組みにも着手していく必要があることは論をまたないだろう。

さらにこれからのメディアがはたすべき新たな業務や役割として、巨大化したPFの活動を監視していく作業も極めて重要だ。PFが決める内部ルールによって民主主義全体が結果的にゆがめられる危機的な事態が起き得ることも想定の範囲内だからだ。

また、個人―PF―国家、あるいはメディア―PF―国家の三者関係をめぐり、業務形態がそれぞれ異なる個々のPFとの関係や欧米での先行事例を踏まえた上で「情報空間の未来像」をどう描いていくか、国際的な業務取引や各国の規制実態も踏まえた上での複数のフェーズにまたがる制度設計の議論も関係者の間では今後必要になってくるだろう。

オーストラリアで成立した法律

メディアとPFの新たな関係性を構築することを目指した動きはいま、世界各地で起きている。その中の一つとして、オーストラリア議会は二〇二一年二月、ニュースメディアとデジタルPFの間の交渉を義務づける法律(News Media and Digital Platforms Mandatory Bargaining Code)を可決し、成立させた。この動きをめぐる論考を月刊『Journalism』に発表した朝日新聞ニューヨーク支局長の中井大介によると、「大きな柱は、プラットフォームを運営する会社とニュースメディアの間で交渉の枠組みを設け、交渉が決裂した場合には第三者が仲介をする仕組みを作ったことだ。ただ、法律の枠組みの外で交渉することも促す内容で、実際にはこの「枠外」で交渉が進んできた」という(13)。

法律ができた背景としては「デジタルPFが報道機関のコンテンツを流用する一方、それに見合う対価を払っていないという考えがあった」といい、オーストラリア政府は二〇一七年、競争・消費者委員会に対して検討を指示。「二〇一九年にまとめた報告書で同委員会は、交渉力の不均衡により、ニュースメディア側が悪い条件を受け入れていると指摘し、是正するための法律を提言。他の分野でも交渉力の不均衡はあるものの、「独立したメディア環境は、民主主義社会にとって不可欠」との観点から問題とした」と中井は指摘している。

また中井はカナダ政府が二〇二二年四月に発表した法案にも言及。「こちらの法律も、交渉を義務づけながら、プラットフォームがニュースメディアと一定の合意をした場合は、交渉に入ることの義務化の免除を求めることができる仕組み」だと紹介した(二三年六月、法案は成立)。

こうした様々な論点を踏まえつつ、ＰＦに対してメディアが「監視役」と「パートナー役」の二役を現実にどう実践していくことができるのか、ＰＦとの関係を新たに切り開いていくための交渉も今後不可欠となってくるだろう。そしてお互いがそれぞれの信頼性を高めていくためにも、メディアとＰＦの双方はいま何をすべきか、共にどんな責任をはたしていくべきかをめぐってオープンな議論を始める時が来ているのではないだろうか。

「デジタル主権」を取り戻そう

最後に、私たちも自分自身の問題を見つめ直す必要があるという点を指摘しておきたい。

本章冒頭に紹介したショシャナ・ズボフがいうように、監視資本主義の手から逃れようとしても、抜け出す方法は容易には見つからない。なぜなら監視資本主義が発動する舞台の一つとなるスマホを手にしている人々の中には、スマホが使えない状態が続くとイライラして落ち着かなくなるなどの「スマホ依存症」にかかっている人がすでに多数存在しているからだ。

とはいえ、たとえ「規格化された個人は、鎖につながれたまま歌い続けるしかない(14)」のだとしても、人々の個人データがＰＦによって収奪されるだけという異常な事態はいずれ解決していかなければならない。その際カギを握っているのは「怒れる市民」、つまり私たち自身なのだとズボフは強調する。

「この物語の未来は、最新プロジェクトに興味を寄せる、怒れる市民、ジャーナリスト、学者にかかっている。また、自らの権限が民主主義の基本原則に由来することを理解している、怒れる政治家と政策担当者にかかっている。それ以上に、怒れる若者たちにかかっている。すなわち、自律性のない良い暮らしは良い暮らしではなく、依存に誘発された妥協は社会的契約ではなく、出口のない巣はホームにはなり得ず、聖域のない経験は影でしかなく、隠れなければならない人生は人生ではなく、触れても無感覚なものは真実を語らず、不確かさから生まれる自由は自由でないことを知って行動する若者たちだ[15]」

PFが展開するビジネスの問題点を認識した上で、私たち自身が「怒れる市民」としての立場を取り戻し、声を上げていくことができるか。私たち自身が問われている。

その際のキーワードは「デジタル主権を取り戻す」だ。

経済思想家で東京大学大学院総合文化研究科准教授の斎藤幸平は、朝日新聞のインタビューの中で「私たちの生活全体がGAFAにとっての自然資源のように「採掘」され、収奪されている」とした上で、「今求められているGAFAへの抵抗」の手段として、自分たちの個人データを「市民の手で管理」することを提案している[16]。その具体例としては、デジタル主権を表明しているスペインのバルセロナ市の取り組みに触れ、「同市は市民の個人データを公共交通機関の運行などで活用していますが、どういうデータを、どこまで誰に提供してよいかという基準は市民たちが議論して決めて」いると紹介しつつ、「デジタルの空間が人々の共有財産〈コモン〉であることを強く意識し、市民の手に取り戻していく必要がある」と強く訴えている。

「テクノロジー主導」から「市民主導」へ——スペイン・バルセロナに学ぼう

また、『Forbes Japan』にバルセロナの取り組みを寄稿した博報堂兼SIGNINGの鷲尾和彦によると、「バルセロナ・デジタル・シティ」計画では、市民自身がアクター(行為者)として、新しいテクノロジーの可能性を活かし、都市をよりよくするための新たなアイデアを自ら主体的に考えていくという意味で「真に民主的な都市(デモクラティック・シティ)」の実現が目標として掲げられているという。[17] それこそが「テクノロジー」主導から「市民」主導のスマートシティへのアップデートだ。そこでは「市民生活に関する様々な情報やデータは市民に属するものであり、市民に還元すべきものである」との理念に基づき、いわゆる「オープンデータ・ガバナンス」の取り組みも進められているという。具体的には、都市に関連する様々なリアルタイムデータを一元管理する統合プラットフォームと、それらを市民に公開するウェブポータル「City OS」の整備が進められたと鷲尾はリポートしている。

またバルセロナ市では、こうしたオープンデータの利用などを通して、市民自らが課題を発見・共有しつつ新たな政策を提案するためのオンライン参加型プラットフォーム「デシディム(Decidim)」の運用も進んでいるという。街中の公共空間の活用方法、地区ごとの生活課題の解決方法などについて、市民と行政とがともに対話し、考えを交換し、実際の活動や事業を生み出していく「共創」の手段として活かされている。また行政サイドは、オンラインの活用に慣れていない市民の社会参加を促すために、対面型のリアルな（オフラインの）市民ミーティングも積極的に実施し、多くの市民の活動を支えようとしているという。

ヨーロッパにおける都市政策の現場を二〇〇〇年代初頭からウォッチしてきた鷲尾は、二〇一八年からはバルセロナ市をたびたび訪れ、ダイナミックな変革の動きを目撃してきた。

現地での見聞を重ねてきた鷲尾はいまこう話す。

「バルセロナでは、行政サイドが市民の「デジタル主権」を守るという理念を掲げるだけで終わることなく、行政と市民が、様々なオープンデータと都市の現状を共有しあいながら、生活環境の改善施策を対話し、議論し、ともに活動を生み出すという体験を通して「信頼」を醸成していこうとしています。「デジタル主権」とは、一人一人の市民がこうした取り組みに参加していくことを保証するものです。それは生活のための様々な権利につながる「扉」でもあるわけです。また行政にとっては、こうした市民との開かれた対話が、より良い公共サービスを作り出すことや本来の仕事の質を高めることにもつながります。それが「バルセロナ・デジタル・シティ」計画のもっとも重要な狙いです。こうした「デジタル主権」についての議論は、現在の日本において、とても重要なテーマであると感じています」

世界は、デジタル主権を取り戻そうと模索する市民を真ん中に据えた「望ましき未来」に向けて静かに歩み始めている。耳を澄ませばその胎動を聞き取ることもできるはずだ。民主主義を前進させていくためにも、ＰＦとの関係性をどう築いていくか、メディアとともに私たち自身も「覚醒」すべき時がもうすぐそこまで来ている。

（１）日経新聞二〇二一年八月二六日。
（２）ショシャナ・ズボフ（野中香方子訳）『監視資本主義――人類の未来を賭けた闘い』東洋経済新報社、二〇二一年、八頁。
（３）同、一〇～一一頁。
（４）朝日新聞二〇一八年六月一四日。
（５）鈴木康平「ＥＵのデジタルサービス法案の概要・検討状況と日本のデジタルプラットフォーム規制との関係」『World Trend Report』二〇二一年七月号、情報通信総合研究所。
（６）エドウィン・ブラック（小川京子訳、宇京頼三監修）『ＩＢＭとホロコースト――ナチスと手を結んだ大企業』柏書房、二〇〇一年、一六頁。
（７）同、一六～一七頁。
（８）同、一一七頁。
（９）朝日新聞二〇二一年六月一二日。
（10）朝日新聞二〇二三年一月二五日。
（11）「公取委員長が語る　日本もＧＡＦＡに厳しい理由、過激姿勢に世界が注目　古谷一之・公正取引委員会委員長」『週刊ダイヤモンド』二〇二一年一月一六日号、一〇一頁。
（12）朝日新聞二〇二三年一〇月二三日。
（13）中井大介「米コロンビア大学ビル・グルースキン教授　報道機関と共存するためには」月刊『Journalism』二〇二二年一〇月号、朝日新聞社。
（14）ショシャナ・ズボフ、同、一一頁。
（15）ショシャナ・ズボフ、同、五九八～五九九頁。
（16）朝日新聞二〇二一年八月三〇日、「ゾンビ資本主義に抗うために　斎藤幸平さんのＧＡＦＡ論」https://digital.asahi.com/articles/ASP8X75LDP8XUPQJ005.html
（17）鷲尾和彦「「シティＯＳ」で市民に還元。バルセロナが本当にスマートな理由」『Forbes Japan』二〇二〇年九月四日　https://forbesjapan.com/articles/detail/36262

第6章

「勝ち組」ニューヨーク・タイムズの挑戦

深刻な経営危機から「世界のグローバル紙」へ

この章ではメディア自身による自助努力の中身を見ていきたい。どんな戦略のもとにメディアがコンテンツの内容と発信の仕方を改め、読者や視聴者とのつながり方（エンゲージメント）を改革して自らを「信頼される魅力ある媒体」に作り替えていくか。そしてそのことによっていかに経営基盤を立て直してデジタル空間での存在感を増していくことができるか。生存を賭けたメディア各社はどの社も待ったなしの正念場に立たされている。

ただし取り組みの様態は各社様々であるから、ここは深刻な経営危機に陥りながらも自らの仕事のやり方を変えながらスピード感をもって数々の改革を断行することでV字回復を成し遂げ、世界のメディアの中でダントツの「独り勝ち」を続けているニューヨーク・タイムズ（以下NYTと表記）を取り上げ、そこから学ぶべきエッセンスを取り出して「デジタル時代におけるメディアの生存戦略のあり方」とともに「信頼とエンゲージメントのあるべき姿とその展開可能性」を考えてみたい。

競合他社が苦境にあえぐ中、「厳しい自己分析→戦略の不断の見直し→さらなる高い目標の設定→いくつもの実験に果敢に挑戦」という流れを何度も繰り返しつつ、ダイナミックに組織を変革してDXを加速させてきたNYTの姿は、改革に取り組んでいるメディア企業以外の人々にとっても参考になる点があるだろう。

ニューヨーク市に本社を置くNYTは二〇二二年二月二日、二〇二一年第4四半期の決算発表の際に、電子版の有料購読者数五八六万七〇〇〇人（二〇二一年一二月末時点）に加えて、紙媒体、アプリ、さらには買収が完了した米オンライン・スポーツメディアの有料購読者数を上乗せした総有料購読者数が一〇〇〇万人を超え、「二〇二五年に総有料購読者一〇〇〇万人」としてきた経営目標を三年前倒しで達成できた」と発表して話題を呼んだ。

だが、ＮＹＴはこの結果に満足しなかった。振り返れば、英ＢＢＣ放送会長から二〇一二年にＮＹＴに転職して以降一貫してデジタル化の陣頭指揮をとってきた最高経営責任者（ＣＥＯ）のマーク・トンプソンは二〇二〇年八月の時点で、「ＮＹＴはあと一〇年は確実に、たぶん一五年以上は印刷されるかもしれないが、二〇年後も印刷されているとしたら私には大変な驚きだ」と米ＣＮＢＣテレビのインタビューで言明。つまりトンプソンは、ＮＹＴが二〇四〇年までには紙の新聞の印刷をすべて止めてデジタルに完全移行しているとの見通しを示していた。

そして同年九月、ＮＹＴとしては史上最年少の四九歳という若さでトンプソンの後任のＣＥＯに就任したメレディス・コピット・レビアンは「二〇二七年末の時点で総有料購読者数を一五〇〇万人にする」との新たな経営目標を二〇二二年二月の決算発表の場で示すとともに、「英語でニュースやスポーツ情報などを有料で購読する意思のある成人は全世界で少なくとも一億三五〇〇万人はいる」として今後もさらに改革を加速させて成長を続けていく方針を表明した。

こうした取り組みの成果として、ＮＹＴは二〇二三年二月、二〇二二年の一年間だけで電子版を含むデジタル有料購読者数が一〇〇万人超の純増を記録したと発表した。デジタル版のニュースに加えてスポーツ専用サイトやパズルゲーム、レシピなどをパッケージにして販売する戦略が功を奏した形だ。

とはいえ、新聞発行事業が経営のメーンだった同社はこれまで順風満帆の道を歩んできたわけではない。アメリカを代表する高級紙としての地位は早くから確立していたとはいうものの、二〇〇九年にはインターネットの影響を受けて紙媒体と広告収入が落ち込んだことに加えて、前年九月にはアメリカの有力投資銀行リーマンブラザーズが史上最大級の規模で倒産したことをきっかけに発生した世界的な金融・経済危機「リーマン・ショック」が重なり、深刻な経営危機に陥った。資金繰りに苦しんだ同社は、観光の名所であるタイムズスクエア近くにイタリア人の有名建築家レンゾ・ピアノが設計して二〇〇七年に完成したばかりの五二階建ての本社ビルを売却し、その後家賃を払って再入居するところまで追い込まれた。

ところがそんな苦境にあえぐNYTに対し、当時の報道によると世界の大富豪リストに名を連ねるメキシコ人富豪のカルロス・スリムが二億五〇〇〇万ドル（約二二五億円）もの巨額融資を同紙に行ったことなどをきっかけに何とかこの危機を抜け出し、二〇一一年には電子版の有料化にこぎつけることができた。そしてその後は偽情報が飛び交った二〇一六年の大統領選挙を経て二〇一七年に誕生したトランプ米政権との激しいバトルも繰り広げつつ、一〇年足らずというわずかな期間で「アメリカを代表する地方紙」から「デジタルの力」で名実ともに世界的な複合デジタル情報産業でもある「世界のグローバル紙」へと大躍進を成し遂げた。

V字回復に導いた「イノベーション・リポート」

なぜ、ＮＹＴ一社だけがそれほどの飛躍的成長を遂げることができたのだろうか？　その間、ＮＹＴ内部では一体何が起きていたのか。

ＮＹＴをＶ字回復に導くことにつながった社内文書が複数存在する。二〇一四年に同社がまとめた内部文書が「Innovation report（以下イノベーション・リポートと表記）」だ。[1] BuzzFeedが独自に入手して公開し、世界のメディア関係者に衝撃を与えたことで知られているが、これが結果的にＮＹＴのＤＸを加速させる契機になったとみられている。

九六頁からなるリポートの冒頭、「イントロダクション」は次のことばで始まっている。「ＮＹＴはジャーナリズムで勝利している。デジタル時代にメディア企業が直面するすべての課題の中で、優れたジャーナリズムを生み出していくことは最も困難なことだ。私たちの日々のリポートは、深く、広く、賢く、人々を惹きつけていて、競合他社を大きく引き離している。ただ同時に、もう一つの重要な分野である、**ジャーナリズムを読者に届けるためのアートとサイエンスという点では遅れを取っている**」（強調は筆者、以下同）。

ジャーナリズムの世界で自分たちはどの部分では勝っていて、どの部分では負けているかを明確に打ち出している点がまず注目されるだろう。リポートはＮＹＴに先行している競合他社の取り組みを紹介しつつ、「それとは対照的にＮＹＴは昨年、読者数が大幅に減少した。ウェブサイトの読者数が減っているだけでなく、スマホ用のアプリの読者も減っていて成長中のプラットフォームとしては非常に危うい兆候を示している」と現状を正直に告白。そして「自分たちのコアなミッションは世界最高のジャーナリズムを生み出すことだ」として基本的なスタンスにはぶれがないことを表明した上で

「テクノロジー、読者の習慣、ビジネスモデルがはてしなく変化しているいま、ＮＹＴは読者を増やすための新戦略を追求する必要がある」と訴えた。

このリポートはＮＹＴ社主アーサー・サルツバーガーの息子であるアーサー・グレッグ・サルツバーガーを含む一〇人のチームが半年かけて取りまとめた。リポートによると、最初の数カ月はビジネスサイドの聞き取り調査を行ったり、編集局の何百人もの社員と会ったり、ほかの報道機関の何十人ものリーダーにインタビューをしたほか、読者と時間を共有するなどしてひたすら多くの意見を聞くことに費やしたという。また社内分析の結果に目を通したり、競合他社のウェブサイトを研究したり、デジタルメディアの変化についてのリポートや関連記事なども数えきれないほど読んだという。要は自分たちの紙面や業界を掘り下げて問題点を探る取材活動を最初に徹底的に行ったというわけだ。その結果、急速に変化するデジタルメディアの世界で生き残っていくためにはどのような問題に立ち向かっていく必要があるのかという点について、明確な意識を持つことができるようになったという。

それはつまり**「人材から組織構造まで、何をどのように行うかも含め、ありとあらゆるものを見直していく」**ということ、いい換えれば**一切の聖域を認めずＮＹＴを根底から変革しなければならない**という認識だった。

「Audience Development」という概念

リポートは「読者の拡大」と「ニュースルーム（編集局）の強化」という二つの章でシンプルに構成されている。第一章の「読者の拡大」では、ＮＹＴがジャーナリズムをウェブ上で展開することになった際、「ホームページ上に記事を公開すればそれだけで多くの人々が来てくれるだろう」と安易に考えてしまった失敗例を報告。そして競合他社が先行する「Audience Development(読者開発)」という手法、つまりは「より多くの読者にリーチするための努力」であり「忠実で熱心な読者を拡大していくための作業」を会社全体の目標に据えて邁進《まいしん》することに至った経緯を説明している。

「私たちはジャーナリストなので、戦略よりもコンテンツというレンズを通して競合他社を見てしまいがちだ。(中略)だが競合他社が成功しているのは、彼らの洗練されたソーシャル(メディアの使い方)、検索(機能)、コミュニティ構築ツールと戦略のおかげなのだ」。リポートはそう述べた上で、ネットニュースメディアであるThe Huffington Post(現HuffPost)の設立にかかわった人物の印象的なことばを紹介している。

「NYTでは、ライターや編集者にとって(原稿の)公開ボタンを押した時点でストーリーが終わってしまうことが多いが、The Huffington Postでは記事は公開されたところからその人生が始まる」。要は、良いコンテンツを作って自己満足しているような姿勢は論外で、そのコンテンツを読者に確実に届けるための戦略を立てて実行していかなければデジタル時代に生き残っていくことはできないということに他社の取り組みを通して気づかされたということだろう。

NYTはこの「読者開発」という作業を「Discovery(ジャーナリズムをどのようにパッケージ化して配信するか)」、「Promotion(ジャーナリズムにどのように注意を喚起するか)」、「Connection(読者とどのように双方向の関係性を創り、忠誠心を深めてもらうか)」という三つのステップに分けて考察を深めていく。

「Discovery」の中の「実験のベストプラクティス」という項目では、「新聞紙をほとんど完璧なまでに磨き上げて一日に一回発行する」というそれまでの仕事の流儀に代わって、まだ見ぬ読者にリーチしていく方法を模索するデジタル上の実験では、物事を完璧に整えたいという衝動に逆らいながらも速やかにリリースしていくことを優先した上で、その後は実行した結果を測定→結果を分析→失敗した内容を取り除く→成功した内容を積み上げるという絶えざる改良のサイクルを通してコンテンツを洗練したものに仕上げていくやり方を奨励している。

「失敗を恐れず、実験を高く評価しよう」

また「実験のベストプラクティスのリスト」という項目では、「より基本的な形で何かをローンチし(新しく立ち上げて公開し)、ユーザーからのフィードバックを得ながら時間をかけて改善していく」という意味での「minimal viable product(実現可能な最小限の製品)」という方式や考え方を紹介した上で、次のような項目と内容を列記して実験に積極的に取り組むよう促している。

▽「目標を設定し、進捗状況を追跡せよ」——すべての新しいプロジェクトは、成功のための特定の目標と指標を設定して始める必要がある。(中略)すべてのマネージャーは新しい取り組みによって達成しようとしていることを明確にする必要があるし、実験を担当する編集者はリアルタイムで進捗状況を追跡する必要がある。

▽「実験を高く評価しよう」——現在のところ、失敗するリスクは、NYTで成功することの報酬を大きく上回っている。たとえ実験を失敗したとしても、率先して行動した社員に対しては報酬で報いな

ければならない。成功と失敗、双方からの教訓を共有しよう。
▽「凡庸な努力をやめよう」――新しい取り組みのためにリソース(資源)を解放するには、機能していない取り組みからリソースを迅速かつスマートに引きはがす必要がある。しかもその決定の背景にある理由を人々が理解できるように、それを透明性のあるやり方で説明しなければならない。そうすれば人々は喜んで再び実験に参画してくれるだろう。
▽「実験を中断するよりも、実験を始める方がより簡単にできるようにしていこう」――ジャーナリストとしての基準は常に守られる必要があるが、伝統があるというだけで実験を中断することを正当化すべきではない。

要は何より「スピード感」を重視し、社員とのコミュニケーションをしっかり取って「失敗を恐れず積極果敢に実験を行う」ポジティブな空気を社内に創り上げた上で、成功例だけでなく失敗例についてもそのデータや情報、そこから学んだ教訓を全社員で率直に共有しながらスクラップ・アンド・ビルドで新たなコンテンツ作りに挑んでいく精神が大切だということだ。

また何かを改革するという時、私たちは「過去に例がない新しさ」にばかりこだわってしまいがちだ。だが、「新しさ」とは「新しいコンテンツ」にだけあるのではない。そんなことに改めて気づかせてくれるエピソードもこのリポートには盛り込まれている。

リポートは、二〇一三年にアメリカで公開された映画「12 Years a Slave(邦題は「それでも夜は明ける」)」が翌年のアカデミー賞「作品賞」「助演女優賞」「脚色賞」を受賞した夜のエピソードを紹介している。一八五三年に発表された原作は、ワシントンDCで誘拐され、奴隷として売られた黒人による体験記だ。一八五一年に創刊されたNYTはその当時に紹介記事を書いていて、二〇一四年にそれを自らツイートした。ところがソーシャルメディア上でそれが話題になると、インターネットメディアのGawkerがすぐにそのツイートに飛びつき、NYTの記事の抜粋をもとに別の記事を作って配信して「その年で最も読まれた記事の一つ」になったという。

創刊当初までさかのぼれば一四七二万本もの膨大な記事を出してきたNYTは、実は「豊富なアーカイブ(保存された記録)」を抱えているという点で、デジタルの世界でも若い競合他社よりは明らかに優れている。にもかかわらず「新しさ」にばかり力を入れすぎていたNYTはそれまでその優位性に気づかず、アーカイブを掘り起こしてみようと考えることすらしなかった——。リポートはそう反省の弁を述べた上で、Buisiness Insiderの創始者がいってくれたということばを紹介している。「膨大な量の高品質なコンテンツを所有し、しかもそれらについて永続的なライセンスも持っているNYTには大きな強みがある」。

「**Ever Green(常時人気のコンテンツ、時を経ても色あせない作品)」が持つ可能性を秘めた潜在的な力。**そのことに気づいたNYTはその後、例えば話題の本や博物館の展示作品、演劇などをめぐる過去の文化的なコンテンツに加えて、食べ物のレシピを始めとするライフスタイルにまつわる様々なコンテンツについて、**過去に書かれた記事の掲載日ではなく、今日的な観点からとらえ直した関連性に着目し、「読者目線」を重視しながら新たに記事を編集し直して届けるという**アプローチを次々に展開していった。その際、過去のコンテンツの利用法としては大した労力をかける必要もない効果的な手法である「パッケージング」をフルに活用して実行したところ、それが「時代を超えたリソースとしてもＮＹＴを利用したい」と考えていた読者のニーズにも合致して購読者数を順調に増やすことができたという。

要は、たとえ記事を出した側にとっては古びたコンテンツであったとしても、その記事を読んでいなかった読者や、読んだ記憶はあってもうまく検索で探せず記事にたどり着けなかった読者にとっては**「価値のある、いま読みたかったコンテンツ」**になりうるということだ。「エバーグリーン・コンテンツ」という。ＮＹＴは、ホーム・コンテンツは、スマートな方法で再登場させれば読者にとっては魅力的だ。このような作品はホームページで注目されなくても多くの読者を集めることができるという教訓を学んだ」という。ＮＹＴは、「私たちは毎日のニュースを提供するだけでなく、(それらにまつわる)背景や関連性、時代を超えたジャーナリズム作品を提供することによって日々のニュースレターと図書館、その両方になることができる」とリポートは指摘している。

「私たちは暗号を解読できていない」

「読者開発」という作業をめぐる「Discovery」に続くステップは「Promotion」だ。「ＮＹＴでは、私たちは一般的にいって自分たちの作品自身に語らせることを好みがちだ。なぜなら大げさに自慢することはしない(という伝統がある)からだ。ところが競合他社はそんな懸念は持たず、多くの企業は積極的な記事のプロモーションを通じて自社のジャーナリズムを新しい読者の前に提示することに成功している」。リポートはそう述べた上で、自分たちの編集局内にプロモーションチームを持ち、野心的なソーシャル戦略によってアメリカでの読者数を急速に拡大している英国メディアであるThe Guardianのソーシャルメディア責任者のこんなことばを紹介している。**「成功している企業の多くは自分自身をうまく売り込んでいる。人々はそれを汚いと思うかもしれないが、それが現実なのだ」**。

リポートはまた、ソーシャルメディアを「読者開発のための手段」や「実験のための場所」と見なしている競合他社の成功例を紹介しながら、この分野で後れを取っているNYTでもマーケティングや広報、検索チーム、ソーシャルメディア担当、プロモーション担当などが情報やデータを共有しながら組織的なプロモーションを前進させるための戦略を立てて、「読者開発」のための「ベストプラクティス」とは何かを追求すべきだと説いている。

「読者開発」をめぐる三つ目のステップが「Connection(つながり)」だ。読者に焦点をあてたイベントを開催して自らのブランド価値を高めようとするなどの努力を積み重ねてきたNYTだが、まだ見ぬ多くの潜在的な読者に対しどのような方法でアプローチをすれば読者とのつながりを広め、かつ深めていくことができるのか、NYTもまた悩み続けてきた。

「私たちは記事をより豊かなものにするような方法で読者とかかわっていくための暗号を解読できてはいない。このリポートで取り上げているすべての仕事の中で、オンラインイベントからイベントにいたるまで、読者とつながりを持ち、読者を惹きつけるというチャレンジが最も難しいことだ」

「私たちが読者とかかわるための主なプラットフォームは適度なコメント(欄)であり、その質は高く評価されているが、広くアピールできているわけではない。コメントのために開かれる記事はごくわずかで、読者の一%しかコメントを書かず、読者の三%しかそのコメントを読んでいない。読者とのかかわりを増やすことを期待して開発された私たちの信頼コメントシステムはわずかに数百人の読者しか取り込むことができていない」

リポートは率直にそう認めた上で、それでも「私たちはオンラインでもオフラインでも読者とつながり、読者の忠誠心を深めていくためのNYT流の方法を考え出すことができる」と主張する。そしてそのための「最初のステップは、カーテンを開けて、私たちがどのように仕事をしているかを読者に少しでも知ってもらうことで読者とのつながりを深めることだ」と述べ、「取材」ということばの裏側で実際には記者や番組制作者らが何をしているのか、「取材プロセスの可視化」を大胆に進めることの重要性を強調している。

この下りは、「メディア不信」や「メディア(に対する)無関心」の時代はなぜやってきたのか、多くの人々の不満はどこに溜まっているのか、その壁を打ち破っていくためには具体的に何をする必要があるのかという、メディアにとって最も難しい課題に対するNYTの強い危機意識と鋭いセンサーが明確に機能し働いていることを感じさせる部分だ。

「教会と国家」という壁と「正しく失敗する方法」

第二章「ニュースルームの強化」に進もう。ジャーナリズムの世界では長年、編集サイドとビジネスサイドは役割を厳格に分け、ビジネスサイドが編集サイドに口出しをすることは決して許されないとしてきた。なぜなら、仮にビジネスサイドが編集サイドに「介入」したり、編集サイドがビジネスサイドの意向をくんだりした結果、記事の客観性に疑念が持たれるような事態が起きれば、その記事の信頼性が揺らぐだけでなく、記事を掲載・配信した当のメディアも「公共メディア」としての適格性に重大な疑問符がつき、ひいては多くの人々の信頼を失ってしまうことにもなるからだ。

この編集とビジネスの分離問題こそが、NYTがいう「教会と国家」、政教分離問題にほかならない。そのNYTが「「ニュースとビジネス」ということばはもはや意味をなさない」というあるリーダーのことばを紹介しながら編集部門の「ビジネスサイドとの協業」を打ち出したことも、このリポートが注目を集めた理由の一つだった。

「ニュースルーム(編集局)とビジネスサイドを隔てる壁(wall)は何十年もの間、一方は読者、そしてもう一方は広告主に焦点を当てるというやり方で、NYTではうまく機能してきた。しかし、新聞の購読料収入の成長と広告収入の着実な減少、そしてデジタル事業の性質の変化に直面し、私たちは協力し合わなければならなくなった」

リポートはそう指摘した上で、「ニュースルームとビジネスサイドの両方が初めて、主に読者に焦点を当てている。エキサイティングな新しいコラボレーションがすでに進行中だ」と報告する。ただ同時にそこには問題がまだ存在していることも認めている。

「私たちの歴史的分断はこの変化に完全に対応するようには調整されていない」という表現で言及しているのが、広告部門をめぐる問題だ。編集局と広告部門の間には依然として「壁」がある。なぜなら、仮に編集局が広告部門と一緒に仕事を行った結果、記者が広告主の意向に沿った迎合的な記事を書いてしまえばNYTの信頼は一瞬のうちに地に落ちてしまうからだ。だからこそNYTは広告部門との「壁」は死守するとの考えを維持している。

また、リポートが紹介している**「正しく失敗する方法(The Right Way to Fail)」**の一部を以下に列記する形で紹介しておきたい。失敗とどう向き合い、そこから何を学んでいくか、それこそが多くの新規プロジェクトや実験の成否を決める要因になりうるからだ。

▽「**失敗は編集局内部ではなかなか受け入れられないものだ。**なぜならジャーナリズムを正しく行うことこそが私たちの成功の基礎となるからだ。とはいえ、そのような考え方をしてしまうとリスクに対する欲求や許容度が制限されることになってしまう。**失敗への嫌悪感はリソースの浪費につながり、貴重な教訓を学ぶ妨げにもなる**」

▽「私たちがプロジェクトを閉鎖する時、その決断は静かに行われ、ほとんど議論されることもない。それはプロジェクトを運営していた人々の評判を守るためだ。その結果、教訓は忘れ去られ、関係したスタッフはさらにリスクを嫌うようになってしまう。これとは対照的に、ビジネスサイドは、何がうまく行き、何がうまく行かなかったのかを評価するために大きなプロジェクトの評価を行い、それらの洞察を将来の取り組みに組み入れる」

▽「**失敗は重要な学習機会としてとらえ直すべきだ。それこそがほとんどのテック企業のアプローチだからだ。**新しいプロジェクトが中止された時はそれを公に認め、時間とリソースの投資から学んだことについてオープンな会話をする必要がある」

▽「そして、**私たちは勇気を持つべきである。**業界の失敗から学ぶ最も良い例は、たぶん私たちの建物の中にある」

そもそも「デジタル・ファースト」とは何か。このフレーズはしばしば「記事を印刷する前にウェブ上で公開すること」程度の意味で使われているが、それでは核心をつかめていないと考えるリポートは次のように定義する。**「デジタル・ファーストとは全方位的な戦略にほかならない**。デジタル・ファーストにとっての最優先事項は、新聞紙の制約から解放されて、可能な限り最高のデジタル記事を作ることだ。そのデジタル記事の最良の部分を翌日の新聞に再パッケージするのは最後の工程となる。この変革のためには上から下までのスタッフの配置や、組織構造と作業プロセスのすべてを再考する必要がある」。

そしてリポートはNYTのデジタル関連の仕事を辞めた五人のデジタル人材の人たちに退職理由を尋ね、そこから何を学んだかもリポートしている。退職者は「NYTでは自分たちが成長する機会がない」と退職理由を語ったというが、それ以外にも退職に踏み切った理由はいくつもあったとして次のような内容をまとめている。

「彼らは自分たちの仕事が指導部に十分に理解されておらず、評価もされていないことに不満を表明した。彼らはまた、NYTのデジタル版の記事のレベルを上げようとする彼らの努力が、(NYTの)伝統と官僚主義によって妨げられていると訴えた。インタビューした誰もがNYTに情熱を持っていたが、どこか他の企業で働く自主性や創造性、影響力を否定することはできないと語った。辞めたことを後悔している人は一人もいなかったということは明らかである」

NYT側がさらに突っ込んで個別の退職理由を聞いていくと、次のような意見が聞かれたという。「明らかにデジタル化が義務づけられている仕事でさえ、デジタルの経験がほとんどない人々のもとに与えられているのを見た」「私はいつも、ＮＹＴの最もコアとなるものや、ＮＹＴが最も誇りに思っているものから少し外されていると感じていた」「私はいまでもＮＹＴの大部分がテクノロジーをしぶしぶ受け入れていると感じている」「若者には多くの機会があり、真のリーダーになる機会を二〇年も待つ気になる若者なんてほとんどいないだろう」。

「デジタル・ファースト」の重要性を全面的に訴えるＮＹＴでさえ社内の空気と組織の運営は風通しのいいものではなかった実態がここからは浮かび上がってくる。とはいえ、失敗した過去の事例を隠さず、そこから学ぶためにこうしたナマの声を全社員にオープンにして事態の改善を図ろうとするＮＹＴの意気込みは迫力十分でさすがだと思わずにはいられない。

先述したように、ＮＹＴをＶ字回復に導くことにつながった社内文書は「イノベーション・リポート」だけではない。二〇一五年の『Our path forward』(2)に続き、二〇一七年には「Journalism that stand apart（「屹立するジャーナリズム」）」(3)と題するリポートを公開している。「イノベーション・リポート」はＮＹＴの意に反してBuzzFeedによって公表されてしまったが、この「屹立するジャーナリズム」は公開することを前提に作成されたという点に違いがある。

「イノベーション・リポート」であれほど詳細にデジタル化の必要性と必然性を訴え、そのための対策を事細かに明記して実行してきたはずのＮＹＴにもかかわらず、このリポートでは自らの組織の現状に対して改革の不十分さと不徹底さを改めて厳しく指摘している点が注目される。紙幅の関係で多くを紹介することはできないが、要点をまとめればこうなるだろう。

「私たちはかなりの改革を成し遂げてきたが、それでもまだ不十分だ。そしてインパクトのない、ありきたりの記事や若者が違和感を覚える記事が多すぎるなどの点でＮＹＴの記事はまだまだ退屈だ。デジタルサブスクリプションの売り上げも力強いペースでもっと増やしていく必要がある。さらにサービス・ジャーナリズムにも力を入れていくことが求められている上、外部人材の積極採用も必至だ。現在の読者と未来の読者がどんな習慣を持っていて何を望んでいるか、そこにしっかり焦点を合わせて適応していくためにも、改革のペースをさらに加速させながら私たちのジャーナリズムを変えていかなければならない」

また「イノベーション・リポート」で主導的な役割をはたした現ＮＹＴ会長のアーサー・グレッグ・サルツバーガーのその後の取り組みを次なるチャレンジの一つとして挙げることもできるだろう。サルツバーガーは二〇二一年、新たなプロジェクト「Crisis of Trust in the Media（「メディアへの信頼の危機」）」を立ち上げ、「メディア不信」の時代にさらに有料購読者数を増やすべくＮＹＴの弱点克服と支持層拡大に向けた努力を地道に積み重ねていった。競合他社を圧倒的に引き離してもなお歩みを決して止めようとしないその姿はまさに「Journalism that stand apart（孤高を恐れないジャーナリズム）」そのものだ。

「オンリーワン」の独自報道で「信頼」を勝ち取れ

ここまでは主にデジタル上の様々な実験やＤＸという部分にフォーカスしてＮＹＴの取り組みをみてきたが、最も肝心な点は、そうした**デジタル上の取り組みを形だけいくら真似してもＮＹＴのような成功を手に入れることはできない**ということだ。

ではこの間、人々の「信頼」を勝ち得るためにＮＹＴは何をしてきたのか。

例えばスマホ用のアプリや音声コンテンツなどを開発して若者のＮＹＴへの敷居を引き下げたほか、デジタル空間に向けて多種多様なコンテンツを優先的に配信するなどのデジタル上の取り組みを実行してきたことに加えて、権力監視を本業とするジャーナリズムのあるべき姿として「オンリーワン」のコンテンツによる報道を積極果敢に推進してきたということがある。

その一つが、メディアを「フェイクニュース」と一方的に攻撃するトランプ政権に対して一歩も引かず、トランプの「ロシア・ゲート」疑惑や巨額脱税疑惑などをめぐって積極的に調査報道を展開するやり方で時の権力者に真っ向勝負を挑んできたということが挙げられるだろう。

政治家の発言や、役所や大企業などの発表に依拠する「発表ジャーナリズム」は今も大きな批判を浴びている。その「発表ジャーナリズム」の対極に位置するのが、メディア自身の取材だけを頼りに自らの責任で展開する独自報道や調査報道にほかならない。この点について、ＮＹＴのジョセフ・カーン編集局長は朝日新聞のインタビューに答えて次のように語っている。

「我々は徹底して独自報道に力を入れています。誰もが認めざるを得ない独自性と特徴を持たなければならないと考えています。ＮＹＴを読まなければ、何か大切なものを読み損ねてしまうと考えてもらえるような独自性のある報道でなければなりません」(4)

カーンがここまで独自報道を強調するのは、多くの人々はネットで様々なニュースを読むことができる上に、そのニュースの入手方法にはグーグル検索やツイッター、フェイスブック、テレビなど多くの選択肢が目の前にあるからだ。ＮＹＴの内容が他のメディアと同じで、単に少し値段が高いだけだと大多数の読者が考えてしまえば、NYTの電子版を購読してもらうための十分な説得力はなくなる。そう考えるカーンはこう強調する。

「競争相手との距離を常に広げ続けなければなりません。優れたコンテンツを通じて、NYTを購読すれば、特別なコンテンツを読むことができるというシグナルを絶え間なく読者に送り続けています。ですから、ニュースへのほぼ継続的な投資が必要だと考えています。仮に今年はうまくいっていたとしても、毎年、購読者や潜在的な購読者が認識できるような形でニュース商品を改善し続けなければなりません。このプロセスに終わりはありません。いつまでも続くのです[5]」

カーンはまた、NYTが呼ぶ「独自性のある報道(エンタープライズ・リポーティング)」の中では調査報道こそが極めて重要で、最も独自性を発揮できる要素だとの認識を示している。そして「我々の報道自体がニュースになるような、ある種特別な報道機関というアイデンティティー」がNYTにはあるのだとした上でこう述べている。

「我々は伝統的に常に調査報道を実践してきましたが、今は以前よりも格段に多くの調査報道を行っています。我々が報じるすべての重要なテーマで、調査報道や権力監視の要素、あるいは独自の物語性を伴わない報道はない、と編集主幹のディーン・バケットや私を含めた編集の最高幹部は確信しています。あらゆる取材領域の重要なテーマは、単なる出来事として報じるだけでなく、我々が持っているニュース報道の能力を総動員して独自性のある報道を展開しなければなりません[6]」

「社屋を売り払っても権力者と闘う」

ＮＹＴは長年にわたって優れた調査報道を繰り広げてきた実績を持っている。輝かしい多くの業績の中から一つだけ選ぶとすれば、一九七一年六月にニール・シーハン記者がすっぱ抜いたベトナム戦争に関するアメリカ国防総省の秘密文書「ペンタゴン・ペーパーズ」の大スクープが挙げられるだろう。約七〇〇〇頁に及ぶこの文書には、ベトナム戦争に関する米政府の政策決定の経緯や、歴代の政権が自分たちにとって不都合な事実を米国民や米議会に隠したまま戦争の泥沼にはまっていく過程が克明に記されていた。ＮＹＴのスクープは政権とメディアの全面対決に発展し、時のニクソン政権はＮＹＴなどを告訴することでメディアに圧力をかけて記事を差し止めようとしたが、連邦最高裁で敗訴して「報道の自由」が認められたという画期的な事件だった。

シーハンの情報源となった文書の持ち主であるダニエル・エルズバーグは米国防総省の元分析官で、米シンクタンクのランド研究所に在籍していた時に「ペンタゴン・ペーパーズ」の執筆陣の一人になっていた。勤務先からこの文書を無断で持ち出してコピーしたエルズバーグと、「読むのはいいがコピーはだめだ」とエルズバーグから注意されたにもかかわらず無断でコピーしてＮＹＴ紙上で特報して世界を驚かせたシーハンは、スクープ後、偶然ニューヨークのマンハッタンで再会した。その際、「私がしたように、君も文書を盗んだな」と呼びかけたエルズバーグに対し、シーハンはこう答えたという。(7)

「いや、私は盗んだわけではない。あなたも盗んでいない。あの文書は、米国民みんなのものだ」

新聞社の変革期に新聞人がどう行動したかを描いたノンフィクション作家杉山隆男の『メディアの興亡』によると、このニール・シーハン記者を毎日新聞が日本に招いて宴席を開いたことがあった。

その際、ある毎日新聞OBがシーハンにこう尋ねたという(8)。

「シーハンさん、あなたが書いた記事は一つの政府を倒すぐらいの力を持っている。いわば権力と対決する記事だ。いくら世界に関たるニューヨーク・タイムズといえども、そうした重大な、ことによったら会社を危機に引きずりこむかもしれない記事をのせようという時は、やはり会議にかけるんでしょうね」

するとシーハンは笑って「いや、会議なんて、そんな大げさなものはありません」と答えた。「あの時は、ぼくが副社長のジェームズ・レストンに呼ばれて、サルズバーガー社長もいるところで例の秘密文書について話を聞かれただけです」。そこでOBはさらに尋ねた。「レストンはどう言ったのですか」。シーハンはいった。

「ひと言、これは本物か。ぼくが、本物です、と言ったら、レストンは、わかった、と言ってGOサインを出しました。そのあとでレストンは部長会を開いて一席ぶちました。これからタイムズは政府と戦う。かなりの圧力が予想される。財政的にもピンチになるかもしれない。しかし、そうなったら輪転機を二階にあげて社屋の一階を売りに出す。それでも金が足りなければ今度は輪転機を三階にあげて二階を売る。まだ金が必要というなら社屋の各階を売りに出していく。そして最後、最上階の一四階にまで輪転機をあげるような事態になっても、それでもタイムズは戦う……」

掲載の可否をめぐり、弁護士同士は激しく対立した

NYTが「ペンタゴン・ペーパーズ」掲載に踏み切った経緯を『メディアの興亡』はこのようにあ

っさり描いているが、ＮＹＴの編集幹部でもあったハリソン・ソールズベリーが当時のＮＹＴの内幕を活写した『メディアの戦場　ニューヨーク・タイムズと記者ニール・シーハンたちの物語。』によると事態はそれほどシンプルに進行したわけではなく、シーハンが機密文書を社内に持ち込んで以後掲載に至るまで、社内では激論がたびたび交わされたという。

その際、主に対立したのは「三八歳になるかならないかのタイムズの顧問弁護士、ジェームズ・グッデール」と、社外顧問弁護士である「『ロード・デイ＆ロード法律事務所』の七二歳の長老、ルイス・ロウブ」だった。ロウブは「政府が掲載しないで欲しいと要請してきたら、タイムズは、それを記事にしない」「タイムズは体制内にある報道機関なのだから、政府と対立することはない。これがタイムズの伝統だ」と主張。これに対し、グッデールは「この公文書を掲載していいどころか、そうするのが義務だ。掲載したうえでどんな結果でも引き受けるのが憲法修正第一条のもとでのタイムズの社会的責任である。政府に屈服するようなことになれば報道機関としてのタイムズはもはや存在できず、決してそうしないのがタイムズなのだ」と反論した(9)。

議論が続く間、ロウブ側は誰一人としてペンタゴン・ペーパーズに一切目を通さなかったという。なぜなら「文書を読んでしまえば、タイムズがそれを所有していると、政府に通告したくなる衝動にかられてはいけない」と考えたからだった。

また掲載前の一九七一年五月にはタイムズ・ビル一四階の役員室で検討会が行われ、ロウブ側は、ペンタゴン・ペーパーズにはトップシークレットのマークがついていることなどからこうした秘密文書の掲載はスパイ防止法第七九三項に違反すると主張するとともに「これは掲載できません。愛国心の問題です」と持論を展開した。この発言に対してはグッデールが「テリア犬のように吠え」、「掲載することがタイムズの義務だ」として憲法修正第一条を改めて強調し激論になった。

他方、ロウブ側の主張に対し、「レストンは慎重に反論していった」とソールズベリーは述べている。シーハンに対しては相談を受けた際に「きみ、ことを進めたまえ。ピュリッツァー賞ものだよ」と声をかけて励ましたレストンだったが、検討会の場では「政府に秘密協議をする権利があるのは認めるが、しかし、民主主義社会の国民には、その政府が実行する政策の概略を知る権利がある」と発言したという。(10) こうした緊迫したやりとりを経て、最終的にNYT発行人のパンチ・ザルツバーガーはシーハンらの主張を認め、機密文書の掲載にゴーサインを出した。この決定を受けて、ロード・デイ&ロード法律事務所はNYTの法律顧問を辞任した。

そして同年六月一三日、NYTはペンタゴン・ペーパーズの内容を報道した。だがこの報道をワシントン全体が静観するはずもなかった。ソールズベリーによると、タイムズの記事はヘンリー・キッシンジャーの癪にさわった。「ことリークとなると、それがどんなものであろうと、キッシンジャーは憤った。それは激怒としかいいあらわしようがなかった」(11)という。

ニクソン政権はNYTに対し直ちに緊急差し止め命令を出したが、今度はワシントン・ポストが機密文書の掲載に踏み切り、ポストに対して差し止め命令が出ると今後はボストン・グローブなどが次々に掲載を決断した。こうしてアメリカのメディアは大統領声明を無視して発行を継続し、連邦最高裁も憲法修正第一条の言論出版の自由を根拠に差し止め請求を棄却してアメリカのメディアは勝利を勝ち取ることができた。

この結果について、ペンタゴン情報を暴露した当事者のダニエル・エルズバーグは後にこう語っている。「多くの新聞社が、国家の安全を脅かし回復不能な危害をおよぼす、との大統領声明を無視して、発行を継続しました。連邦捜査局（ＦＢＩ）の捜査網をかわしながら、コピーの束を渡していましたが、どの新聞社も自分の目で資料を読み、社会全体が知るに価する情報であることを理解したはずです。我が国の歴史そのものが書かれていました。そうであるがゆえに、政府によって理不尽にも差し止められたのです。それは、いかなる国の歴史も経験したことのない、最大級の集団的な市民的不服従の行動でした。しかも数々の名の通った報道機関によるものです。私の知るかぎり類例はありません。最終的には一九紙にのぼる新聞が、掲載継続は反逆的行為でありただちに停止すべし、と主張する司法長官ならびに大統領に反抗したのです[12]」。

「政府対メディア」の対決構図が鮮明になった時、ＮＹＴのライバルである各社はＮＹＴを孤立させず、大統領からの脅しにも屈せずにいわば共同戦線を張ってアメリカの言論出版の自由とジャーナリズムを守った。「保守」と「リベラル」に二極化した日本のメディアの現状からは考えられないことだ。**「アメリカのメディア各社は言論出版の自由を守るために団結して戦った」という事実に対し、この国のメディアに関係する人々は何度でも立ち返り、「ジャーナリズムとは何でありうるのか」を学び続けなければならないだろう。**

日本のメディアに覚悟はあるか

国家にとって最大の機密情報である「戦争の真実」を始め、たとえ権力者にとっては不都合な事実であっても国民に伝える必要があると判断した時は政権と正面から闘うことを辞さず、また権力者が圧力をかけてきたら一歩も引かずにたとえ社屋を売り払ってでも真実を報道することで抗い続け、**「市民の側に立つ・市民のための公共メディア」**としてほんとうのことを社会に伝え続けていく。それだけの覚悟とプライドがいまの日本の新聞社やテレビ局の幹部や一人ひとりの社員にあるか？「メディア不信」問題を突き詰めれば、究極的に問われているのはその覚悟の有無だ。

「戦争」を予感させるきな臭いにおいが漂い始めているいま、同種の覚悟を求められる事態がこの国の近い将来に起こることは十分予想されうるだろう。有事の際は「政治権力と報道が一体化する」という意味での新たな「大本営発表」体制が現れることも想定の範囲内だが、覚悟を持たない優柔不断なメディアはあっという間に権力側に飲み込まれ、「戦局を客観的に伝える」との名目のもと、権力側の意向に沿う形で誤情報や偽情報を垂れ流させられる役目を担わされて国民を再び裏切ることになるだろう。他方、経営危機から奇跡の復活を遂げたNYTには「権力者と闘うという覚悟」が明確にあった。ペンタゴン・ペーパーズ事件を命がけで闘い抜いた報道機関のDNAはその後も脈々と後輩たちに受け継がれ、トランプ政権との攻防でもその精神が遺憾なく発揮されたことを世界中の人々は目撃した。そしてNYTの姿勢に共鳴した人々は「信頼」と連帯のエールを送り、NYTのデジタル版の有料購読者の一人になることでNYTを応援して（エンゲージメントの実践！）NYTを経営的に支えようとした。

もちろんNYTは完璧なメディアではない。そもそも政治的には民主党・リベラル寄りの媒体でその色合いは日々の紙面にも反映されていて他陣営からはたえず「偏向報道」と批判され続けてきた。

また初期のイラク戦争では当時のブッシュ政権と事実上一体化して「愛国報道」に著しく傾斜したことを始め、これまでに数々の誤報や報道上の誤りを露呈してきた。ただそれにしても日本のメディアと比較した場合、「オンリーワン」の独自報道であくまで権力監視を徹底的に行っていくという覚悟はホンモノであり、微塵も揺らぐことはないという点が決定的に違っている。

もう一度問おう。日々の報道を通して「権力監視」を行い、権力側から理不尽なプレッシャーをかけられたら究極的には自らの社屋を売り払ってでも闘う覚悟が日本のメディア経営者にはあるか。「ない」のであれば、その程度のメディアは早晩人々から見放されて「信頼」を失い、「エンゲージメント」や影響力も失ってやがて姿を消していくことになるだろう。なぜなら上司への忖度や小賢《こざか》しい官僚主義、実験的取り組みや前例のない改革を嫌う減点主義、さらには自己保身と組織防衛に凝り固まった人間が寄り集まっただけの集団は、もはや民主主義社会を支える「公共メディア」とみなすことはできないからだ。

ＮＹＴの前例のない躍進は、私たちにそのことも教えてくれている。

（１）　https://sriramk.com/memos/nytimes-innovation-report.pdf
（２）　https://nytco-assets.nytimes.com/m/Our-Path-Forward.pdf
（３）　https://www.nytimes.com/projects/2020-report/index.html
（４）　城俊雄「ジョセフ・カーン　ニューヨーク・タイムズ編集局長　タイムズはなぜ、よみがえったのか」月刊『Journalism』二〇二二年一月号、朝日新聞社、一六～一七頁。
（５）　同、一七頁。

（6）同、一七頁。
（7）朝日新聞GLOBE＋二〇二一年二月一二日、「「ペンタゴン・ペーパーズ」機密文書を報じた記者が、生前に明かした入手秘話」。
（8）杉山隆男『メディアの興亡』下、文春文庫、一九九八年、二六七〜二六九頁。
（9）ハリソン・ソールズベリー（小川水路訳）『メディアの戦場――ニューヨーク・タイムズと記者ニール・シーハンたちの物語。』集英社、一九九二年、二〇〜二四頁。
（10）同、九九〜一〇〇、二〇〇〜二〇三頁。
（11）同、二四九頁。
（12）ダニエル・エルズバーグ（梓澤登、若林希和訳）『国家機密と良心――私はなぜペンタゴン情報を暴露したか』岩波ブックレット、二〇一九年、二四頁。

第7章

第三者機関がメディアを「審査・評価」する

「The Trust Project」――メディアの情報開示で「透明性」を確保する

人々の間に蔓延している「メディア不信」の感情を何とか払拭したい。そう考えたメディアが自ら様々な取り組みを行うのはあたりまえのことだ。他方、メディア自身の取り組みとは別に、メディア以外の第三者機関が、メディアに様々な情報を開示させた上で、独自に作った「信頼指標」や基準に基づいてメディアを「審査・評価」し、評価に値すると判断したメディアに対しては報道に関する信頼保証のような「信頼マーク」を与える――などのやり方で報道やニュースへの「信頼」を取り戻そうとする試みが世界で始まっている。

そうした活動を行っている主な組織やプロジェクトは世界に三つあるが、そのうちの一つが、米国のジャーナリストでサンタクララ大学マークラ応用倫理学センターに所属していたサリー・レーマンらが二〇一四年に立ち上げた「The Trust Project(以下TPと表記)」だ。(1)

現在はTPのCEOという立場にあるレーマンがニュースにおける倫理観の問題をめぐってメディア幹部と議論するところから始まったこのプロジェクトは、いまではワシントン・ポストやBBC、エコノミスト、ツァイト(ドイツ)、エルパイス(スペイン)、ラ・スタンパ(イタリア)、CBC(カナダ)など多くの報道機関が参加する国際コンソーシアムを形成するまでに成長した。

TPが「使命」として掲げているのは、透明性(transparency)や正確性(accuracy)、包括性(inclusion)、そして公平性(fairness)に対するジャーナリズム側の取り組みを拡大していくことを通して、人々がしっかりとした情報に基づくニュースを選択できるような環境を整えていくことだ。レーマンらはまず、「様々な人々の声に耳を傾けてみよう」と、アメリカとヨーロッパを対象に二年間にわたってニュースの信頼性に関する調査を行うことにした。

その結果、人々は「ニュースは一体誰が書いたのか？」「書き手はどのような専門知識を持っているのか？」「メディアは何を志向しているのか？」といったニュースや報道の背景情報を知りたがっていることがわかった。また、「いまのニュースで何が問題だと思うか」と尋ねると、「政府高官や企業上層部の目線で語られるニュースがほとんどで、一般の人々の目の高さで語るニュースがもっと必要だ」との意見も出た。さらには「私たちの声を伝えてもらうだけでなく、実際に報道機関の報道プロセスの中に入っていくことで私たちそのものが「声」になりたい」との積極的な意見まであったという。

レーマンらはこうした「声」を反映させるためにメディアや巨大プラットフォーマー（以下ＰＦと表記）の技術関係者らとの会合を重ね、ニュースへの信頼性を認証するための基準として「八つの信頼指標（8 Trust Indicators）」を作り上げていった。信頼指標は当初は三七以上も考案されていたが、プロジェクトに参加する各社の意見を聞き取る過程で最終的に八つに絞り込まれた。

「八つの信頼指標」とは

出来上がった信頼指標は次のような項目で構成されている。

1　「ベストプラクティス（Best Practices）」＝報道が独立していて正確で正直であることに従わせるような編集方針や倫理基準などを持っているか

2　「執筆者情報（Author/Reporter Expertise）」＝過去にどんな記事を書いてきたか

3　「記事の種類（Type of Work）」＝ストレートニュースか論評か広告記事か

4　「引用や参照（Citations and References）」＝記事で使用された引用元や参照元。報道で示された事実や主張はどのような情報に基づいているか

5　「方法（Methods）」＝なぜ、どのようにして執筆者はその記事を作成したのか

6　「地元（Locally Sourced）」＝事件の起こった場所と時間、記事は現地で書かれたか

7　「多様な声（Diverse Voices）」＝多様な意見や視点を提供する努力をしているか

8　「実用的なフィードバック（Actionable Feedback）」＝読者からのフィードバックを記事の優先順位や記事の作成プロセスに活かす努力を行っているか

二〇一九年に筆者がサンフランシスコでインタビューした際にレーマンが語ったところによると、ＴＰがそのメディアを審査・評価した末に「信頼できる」と判断して最終的な認証に至るまでの過程には三つのフェーズがあるという。

最初のフェーズでは、ＴＰ側がメディアに対し「このプロジェクトに参加しませんか」と声をかける。次のフェーズでは、参加意思を表明したメディアが八つの信頼指標をいずれもクリアするような情報を外部に的確に提供しているかどうか、ＴＰのスタッフが時間をかけて調査・吟味する。その際

はメディアに対し様々な角度からの質問も行う（コンプライアンス・プロセス）。第三のフェーズでは、「このメディアは、求められる基準をクリアしてしっかりした仕事を実際に行っている」と判断できたときに初めて、ＴＰがそのメディアに対し、信頼保証的な意味合いを込めて「Ｔ（Trust＝信頼のＴ）」マークを付与する。この信頼指標を作るにあたってはワシントン・ポストやエコノミストなど世界的に有力な報道機関も協力したほか、グーグルやフェイスブックなどＰＦも技術面で協力・連携したという。

最終判断をするのはあくまでユーザー本人

このプロジェクトの最大のポイントは、ユーザー以外の第三者機関であるＴＰが、ユーザーに代わってニュースの信頼性を判断するのではないという点にある。言い換えれば、ユーザーは、ＴＰがそのニュースサイトなどを「信頼」できると判断したということを一つの参考情報として受け止めた上で、そのメディアを「信頼」するかどうかの最終判断はあくまで自分自身で下すのだ。ユーザーの記事選択を助けるため、報道する側はニュースの背景情報などを付加することによってこれまで以上の説明責任をはたし、それを受けてＴＰがメディアに「信頼」を保証するマークを与える、そんな仕組みがここに誕生した。

プロジェクトをめぐる素朴な疑問の一つは「信頼指標を導入することで、人々のニュースに対する信頼性がそれ以前よりも本当に高まるのだろうか？」という点だ。

結論からいうと、この点についてＴＰは、これまでにReach（旧Trinity Mirror）が実施したユーザー調査や、テキサス大学オースティン校メディアエンゲージメントセンターが取り組んだ実験で得られたデータをもとに「信頼指標はニュースの信頼性に対する読者の認識を高めることがわかった。また、信頼できる報道への課金に対してポジティブになることも判明した」などとポジティブに総括している。

調査の内容をより詳しくみてみると、TPがテキサス大学に委託した調査では、信頼指標をメディアに実装した場合の信頼度が、実装しない場合をわずかに上回り(五段階評価で〇・二ポイント)、「事実をありのままに伝えているか」という問いにも実装した場合の信頼度が実装しない場合を上回った(同〇・一ポイント)で、いずれも僅差ではあるものの、実装した場合の評価のほうが実装しない場合を上回る傾向が示されたという。

また、TPにメディアが参加していることが課金に応じるかどうかの判断に影響するかという点に関しては、「変化しない」が全体の五八%で最も多かったが、「より積極的に課金に応じる」(八%)と「どちらかというと課金に応じる」(二五%)を足すと三三%で、「信頼指標を実装しているほうが課金に応じやすくなるという傾向が浮かび上がった」としている。

「情報という大海原の「灯台」になりたい」

他方、Reachが行った調査では、信頼指標を実装した場合、オンラインメディアであるThe Mirrorに対する読者の信頼度が八ポイント高まったとTPは表明。また、「フェイクニュースの増加に対抗するにはこのような取り組みが必要だ」と回答した人が全体の七六%に上ったことなどから、TPは

「信頼指標は、メディアへの信頼を高めるために大きな役割をはたすことが確認できた」と結論づけた。この点について、レーマンは二〇一九年に行った取材の際も「信頼指標を導入する前と後ではニュースのストーリーに対する信頼度が八ポイント上がったという結果は私たちを勇気づけるもので、とても満足している」と話した。

加えて、レーマンは「様々なメディアの人たちが横のつながりを持ち、情報を共有しあいながら人々に信頼できるニュースを届けようと必死に取り組んでいる。この全体像を私は素晴らしいと考えているし、築き上げたネットワークを誇りにも思っている。私たちは、清濁が混じる情報という大海原の「灯台」になって、人々を「正しい船」に導いていきたい」と語った。

また筆者がモデレーターとして立案して参画した二〇二二年五月の慶應義塾大学グローバルリサーチインスティテュート主催のアーカイブ配信シンポジウム「デジタル時代にメディアは「信頼」を構築できるか――「信頼指標」から考える」に参加したレーマンはこう述べた。

「人々は本当に信頼できる情報を探し求めています。私たち全員がそのことを受け止めなければなりません。現在は、偽情報に騙されたり、それを拡散するプロセスの一部を担ってしまったりすることへの不安が拡大していますが、私たちは「信頼指標」という非常にシンプルでわかりやすいシステムを使って、以前より透明で、情報が開示された、一貫性のある報道を求める機運を人々の中に高めようとしています。ただ、まだ長い道のりがあります。これは現在進行形の問題なのです」

解決すべき課題

ＴＰの取り組みに対する現時点での中間的なまとめをするならば、ＴＰという取り組みが単独でメディアにまつわる「信頼」問題をすべて解決していくのはもとより不可能なことだが、一ついえるのは、「メディア不信」が渦巻く世界において、この第三者機関による国際的なチャレンジが「信頼」の回復・再構築に向けた「目に見える第一歩」になっているということだ。その点は高く評価することができるだろう。

他方、では仮にＴＰのような第三者機関を日本で立ち上げるとして、その第三者機関にどんなメンバーがどのような基準で参加して運営していくのかという点に加えて、活動を支える財政面での見通しや運用方法をいかに整えていくかなどの点も考えるとなると、解決すべき課題は少なくないといわざるをえないだろう。参加するメンバーに「市民の側に立つ・市民のための公共メディア」を創り育てる覚悟が本当にあるのかも問われるところだ。また読者や視聴者からすると、その第三者機関自体が信頼するに足る組織体なのか、それをどうやって判断すればいいのかが不明なため、それらを証明するための工夫や評価軸が別に必要になってくるだろう。

さらに、第三者的な立場の者が個々のメディア内部に審査や評価の過程で立ち入ろうとする際には、「第三者に評価(rating)などされたくない」「これまでの記事や番組の体裁を壊したくない」などの猛烈な反発が日本のメディア側から噴き出てくることも容易に予想されるところだ。日本のメディアの閉鎖的な体質を考えると、第三者機関と個々のメディアとの議論が最初からスムーズに進んでいくとは思えない実態があるからだ。

この点についてはサンフランシスコで会った時も慶應義塾大学のシンポジウムの際も繰り返しレーマンに尋ねたが、「大丈夫うまくいく」というばかりで残念ながら納得できる回答を得ることはできなかった。

とはいえ、ＴＰのような第三者機関を立ち上げ、メディアの外部から信頼指標を通してニュースと報道の「信頼性」を高めていく手法を日本でも導入する可能性について、メディア各社の間で一度オープンな議論をしてみてもいいのではないだろうか。

NewsGuard という挑戦

残り二つの取り組みについては駆け足でみていきたい。

例えばＳＮＳ上でニュースサイトへのリンクをクリックしたらそれまで聞いたこともなかったメディアが現れたといったような場合、どうすればいいだろう。そのメディアを信頼できるかどうかを判断する一つの手段として、人工知能（ＡＩ）によってニュースの信頼度を評価するのではなく、独立したベテランのジャーナリストらが情報の信頼性や透明性の達成度を精査して評価を行っているのがNewsGuard（以下ＮＧと表記）だ。(2)

ＮＧはジャーナリズムの実践における「信頼性」と「透明性」に関して独自に作り上げた九つの基準をベースに、それぞれのニュースサイトなどをその信頼度に応じて「Green＝緑（一般的に信頼できる）」と「Red＝赤（一般的に信頼できない）」で色分けして評価していくスタイルに特徴がある。ウェブサイトの信頼性が不合格であれば「赤」、合格なら「緑」のアイコンを表示する。NGはこうした全体的な評価とともに個別の信頼スコアやさらに詳しい評価理由の説明なども行っている。NGが信頼度を評価する際の九つの基準は次のようなものだ。

■「信頼性(Credibility)」について

1 「間違った内容を繰り返し発信していない(Does not repeatedly publish false content)」
2 「責任の持てる情報を集めて提示している(Gathers and presents information responsibly)」
3 「間違いを定期的に正し、明らかにしている(Regularly corrects or clarifies errors)」
4 「責任を持ってニュースと意見の間の違いを取り扱っている(Handles the difference between news and opinion responsibly)」
5 「人を惑わせるような見出しを避けている(Avoids deceptive headlines)」

■「透明性(Transparency)」について

6 「ウェブサイト上で所有者と資金調達について公開している(Website discloses ownership and financing)」
7 「広告の表記について明らかにしている(Clearly labels advertising)」
8 「利害が衝突する可能性を含め誰が担当しているかを明らかにしている(Reveals who's in charge, including possible conflicts of interest)」
9 「問い合わせ先または経歴情報に加えてコンテンツを作っている人間の名前をサイトで提供して

いる(The site provides the names of content creators, along with either contact or biographical information)」

熟練のジャーナリストらはこれらの指標に照らし合わせながら信頼度の評価を行うが、その評価は定期的に見直されることに加えて、評価された側が不満を持った場合はそれを受けつけ、審議の過程や結果も公表される仕組みもＮＧには組み込まれている。

国境なき記者団の「ジャーナリズム信頼プロジェクト」

三つ目が、フランスのパリに本部を置くジャーナリストのＮＧＯ国境なき記者団(Reporters Sans Frontières、以下ＲＳＦと表記)が中心的に取り組んでいるジャーナリズム信頼プロジェクト(Journalism Trust Initiative)だ。(3)

ＲＳＦが二〇一八年、フランスのＡＦＰ通信、欧州放送連合、メディアの世界的組織である国際編集者ネットワークとともに倫理的なジャーナリズムを支援・推奨する目的で始めたこの信頼プロジェクトは、「ディスインフォメーション(偽情報)」などに対し、メディアの「信頼」に関する指標を「標準規格化」することで対抗していこうとしている点に特徴がある。

ＩＳＯ(国際標準化機構)の本来の目的は、工業製品や技術、農業、医療など様々な分野で世界共通の基準を定めた上で、「標準化」を進めることで国際貿易を発展させるという点にある。そのためにＩＳＯは国際的な標準である国際規格を発行して世界に普及させているわけだが、この発想と手法をメディアの「信頼」というフィールドにも応用しようというのがこのプロジェクトだ。

ＩＳＯの欧州地域組織である欧州標準化委員会（ＣＥＮ）の支援のもと、ＲＳＦは、フランスとドイツの標準化団体が主催した「Workshop Agreement」に参集した一二〇以上の関係グループとともに議論を行い、情報開示ルールや標準化すべき項目などを含んだ「CEN Workshop Agreement」をまとめて二〇一九年に公表した。

それによると、信頼プロジェクトが取り組んでいる標準化項目は「編集上の理念は何か」「オーナーシップに関する情報は公開されているか」「メディアのアイデンティティにかかわる運営主体の公開」「編集上の指針に関する研修態勢はどうなっているか」などメディアの編集と経営全般に関わる包括的な内容に及ぶ。ＲＳＦはこれらをもとにさらに細かい二〇〇以上のチェックリストを作成するほか、メディア側はそれらの項目に回答していくことを通してそのメディアの信頼度が判定される仕組みになっている。そしてそこには、「信頼」に関する標準規格ができれば、デジタル広告において重要なキーワードになっている、広告主のブランドが不適切なサイトやコンテンツ上に表示されることを防ぐ「ブランド・セーフティ」というメディア・ビジネスの観点からも実質的な効果を上げることができるとしている。

（1） https://thetrustproject.org/
（2） https://www.newsguardtech.com/solutions/newsguard/
（3） https://www.journalismtrustinitiative.org/

第8章

デジタル時代のメディアの説明責任と「取材過程の可視化」

台湾のデジタル担当相オードリー・タンから学ぼう

デジタル時代においてメディアがはたすべき説明責任には大きく分けて二つあると私は考えている。一つ目は、メディアのニュースの取り上げ方や報道の仕方(もしくはニュースが報道されないこと)をめぐって人々が疑問や不信感を抱いた時、ネットなどを通じてその場でメディアに質問や疑問を投げかけ、メディア側もおざなりの答えではない「人々が納得できる答え」を可能な限り速やかにすることによって人々との間に「信頼性の回路」をつなぎ直すこと。いわば双方向型の「デジタル時代の動的(dynamic)な説明責任」を十全にはたすことだ。

二つ目は、「取材」という壁の裏側で記者が何をやっているのかがブラックボックス化のために、まったくわからないとして人々が大きな不満を抱いている「取材過程の可視化」にかつてないほどの範囲と深さで徹底的に取り組むということだ。

メディア各社は一般企業と同じように広報部(室)を設けて読者や視聴者からの質問を受けつけてはいる。だが多くの場合は回答までに時間がかかる上に(実質的に回答しない場合も少なくない)、その回答も人々が満足できるレベルにはほど遠く、「いただいた貴重なご意見は今後の新聞製作(番組制作)の参考にさせていただきます」といった通り一遍の「静的(static)な対応」で済ませているケースが多々あるのが実情だ。それでは「市民と本気で向き合っている」とはいえず、ましてや「十全に説明責任をはたしている」とは到底いえないだろう。

だからこそ、蔓延する「メディア不信」の濃い霧を晴らしていくためにも、報道のあり方について人々が抱く疑問に対してはもっと迅速に対応して相手が納得できるような回答を即座に打ち返す、本当の意味での双方向型の仕組みと回路をネット上に構築して日々実行する責任がメディアにはある。

言い換えれば、報道について人々には「知りたいと思ったこと」をメディアに問う権利があり、メディア側には「人々が知りたいと思っていること」に正面から答える義務と説明責任があるということだ。そしてメディアは、市民の間で深刻な根詰まりを起こしかけている「信頼関係」という名の回路を主にデジタルの力で再構築して両者をつなぎ、官僚答弁的ではない、スムーズな意思疎通が図れるようにするための取り組みを進めるべきだ。

いまの官僚的で尊大なメディアにそんなことができるわけはない？　いや、やる気次第で実現可能ではないかと私は考えている。その際参考になるのは、台湾のデジタル担当相として著名なオードリー・タンが創設した「市民であれば誰でも政治について電子請願という形で自由に意見を表明できる住民参加型の行政プラットフォーム」＝「Join」の仕組みだ。

オンラインの公共インフラ空間を使って誰もが政治的な提案をネットで請願できるこの「Join」には、市民から出されたアイデア(発案)に対し、六〇日以内に五〇〇〇人以上の市民の署名(賛同)が集まれば政府は必ずその請願を議題に取り上げて検討し、二カ月以内に担当部局が検討結果を公表しなければならない――というルールが決められている(1)。

ちなみに「Join」は選挙権がない若者でも参加可能だが、そこには「参加の敷居を低くすることでよりインクルーシブ(包括的)になる」との問題意識が反映されているのだという。

この「Join」が生まれたきっかけは二〇一四年三月、中国とのサービス貿易協定締結に反対した台湾の学生と市民が、日本の国会議事堂にあたる立法院を占拠した「ひまわり学生運動」にあったとタンはいう。この時は学生と警察が衝突したり、抗議行動の様子が市民によってライブ中継されたり、意見を集約するデジタルプラットフォームが立ち上がったりした。タンによると、この時の経験から政府側を含めて人々の間には次のような気づきがあったという。

第一、メディアはごく少数の人の意見しか取り上げないが、デジタルな言論空間では何百万人もの人々に対して自分の声を届けることができる。第二、その結果として多くの人々の声を集めて政府に政策の修正を促すこともでき、そんな自分も新たな形で政治に関与することが可能になる。第三、選挙権のない移民や若年層、子どもたちといった政策決定のプロセスにこれまであまり関われなかった人々の意見にも耳を傾けようという機運が高まった(2)。

メディアが動的な説明責任をはたすためのスキームをいかに創るか

この時、若者らが求めたのは貿易協定の廃止と「オープンガバメント(開かれた政府)」だ。政府側も、市民の政府への信頼を取り戻すために「透明性を最重要視する」ようになり、市民参加型の政策プラットフォームの仕組みをどう構築するかに関して、民間コミュニティと一緒になって積極的に検討を進めることになったという。その背景には、政府がきちんとした説明を怠ったために立法院占拠という事件に発展したのだとすれば、いまの社会で重要なのは「政府が十分な説明責任をはたす」ことだという考え方があったとタンはみている(3)。

このタンの革新的なチャレンジを、いかにして報道の文脈に採り入れ、実行していくか。

台湾の市民が政府に対する信頼感を醸成させるという点で成果を上げた「Join」との比較でいえば、メディアが動的な説明責任をはたすためのスキームでは、市民からの疑問に答える期間について、例えば「最短の場合は二四時間以内、最長でも七日まで」のように回答するまでの時間をなるべく短くした上で、①同趣旨の質問が一〇〇人以上集まればメディアは必ず質問を取り上げて回答する②検討過程で交わされた議論についても公開可能な範囲をネットで公開する――などの改良を加え、市民とメディアがより一体感をもてるような工夫を施す必要があるだろう。

大事なポイントは、「メディアが一市民の疑問を取り上げてまともに答えてくれるわけがない」と考えている多くの人々の予想を裏切るとともに、もともと低い期待値を大きく上回るほどの熱意のある対応を行う仕組みを整えて実行するという点にある。

こうした改革を実行するためには、もちろんメディア側も人々のクレームに対する防御的で消極的な態度を、リスク管理という観点からも根本的に改める必要があるだろう。

実際にメディアがこうした取り組みを実現する仕組みを構築する際は、①回答内容の取りまとめに関する最終決裁権者を誰にするか、②その決定を踏まえて誰が前面に立って対応するか、③メディアの回答が炎上するなど不測の事態が発生した場合のマニュアルをいかに整備するか、④大量自動投稿を可能にするbotなどによる反復投稿を含めた偽の質問を見破る方法をいかに確立するか――など、従来の危機管理態勢をもっと動的に整備する必要性に迫られることにもなるだろう。

だがそうした壁やプレッシャーを乗り越え、特にメディア企業の幹部に対しては、メディアにとって喫緊の課題である「「信頼」の再構築」に向けた第一歩を踏み出す勇気と覚悟をもってほしいと願わざるにはいられない。「メディアの広報部に何を聞いてもこちらが知りたいほんとうの答えなんて返ってくるわけがない」など、広報部の姿勢やメディアの閉鎖体質に対して人々はほんとうに怒っているからだ。

台湾におけるデジタル民主主義を主導するタンは次のように話している。

「大切なのは、市民が安心して冷静に議論できる空間を設けることなのです。特に、人々の痛みを伴うような喫緊のテーマを議論する場合は、フラストレーション、恐怖、希望、喜びなど、自分の感情をきちんと表現できる安全な空間があることが重要です。そうして冷静に議論し合える公共インフラがあることが、立場の異なる人々の間に共通の価値観を見いだし、互いにそれを共有することを可能にするのです(4)」

タンが指摘するように、「市民が安心して冷静に議論できる空間」や「自分の感情をきちんと表現できる安全な空間」をメディア自身が構築するため、報道やメディアに対する疑問や不信感を人々が解消できるような回路や仕組みをデジタル上に創り、その実効性を日々高めていくこと。そのことこそがデジタル時代にメディアがはたすべき動的な説明責任そのものではないだろうか。

またこのような動的な説明責任の要求はメディアに対してだけではなく、同時に「アテンション・エコノミー(関心を競う経済)」を使ってネット空間におけるデジタルビジネスを支配しているGAFAなどのPFに対しても向けられるべきだ。なぜなら、PFがどんなアルゴリズムや手法でユーザーの個人情報やデータを「収奪」しているか、詳細な部分は「ブラックボックス化」していて外部からはまったくうかがい知れないからだ。

そしてその「アルゴリズムの透明性確保」に関する情報提供をPF側に要求する権利は、実は第５章で説明した、ＥＵの「一般データ保護規則（ＧＤＰＲ）」の「情報権」についての規定である一三条と一四条にすでに盛り込まれていると宮下紘は指摘する。

宮下によると、ＧＤＰＲには「the logic involved」ということばでデータ処理（自動処理）に関するロジックをデータ主体である本人に開示せよということが一三条（管理者がデータ主体から直接データを収集する場合についての規定）と一四条（管理者が直接データを収集しない場合についての規定）の双方に書かれている以上、本人からアルゴリズムに関する情報提供の開示請求があれば、請求を受ける側のＧＡＦＡなどの事業者は拒否できないとしている。

「radical transparency」の精神で「取材過程の可視化」に挑め

デジタル時代にメディアがはたすべき説明責任の二つ目は、「取材過程の可視化」にかつてないほどの範囲と深さで徹底的に取り組むということだ。ここでも肝心な点は、「ふだんは傲慢なメディアが本気で自分自身をオープンにするわけがない」と考えている多くの人々が目を見張るぐらいの「取材過程の可視化」にメディア自身が果敢に挑むという点だ。

第１章などでも指摘してきたが、読者や視聴者は「ニセの客観報道」、つまりは「発表ジャーナリズム」にかつてないほどの強い不満や怒りを募らせている。なぜなら記者や番組制作者が「取材」という目に見えないカーテンの裏側で何を考え、どんな判断をした結果として日々のニュースや番組を配信・放送しているのか、実際には権力者と馴れ合っているのではないかなど、一連の取材過程そのものへの信頼度が著しく低下しているからだ。

だからこそメディアは取材プロセスを可能な限り公開して多くの人々が見えるようにする「取材過程の可視化」に取り組むことで「デジタル時代のメディアの説明責任」を動的にはたす必要があるのだ。それが、「メディア不信」や「メディア無関心」の時代にニュースやメディアを「信じよう」とするきっかけ(反転攻勢のモメント)になりうると私は考えている。

しかもメディアは「取材過程の可視化」をこれまでとは比較にならないレベルと範囲と深さで徹底的に実行することが死活的に重要だと筆者は考えている。その点を特に強調するのは、これほどまでに様々なメディア批判が繰り広げられてきたにもかかわらず、メディア内部の人間と外部の人々との間の意識が決定的にズレているということに、メディア側が鈍感で一向に気づいていないという現実があるからだ。

「ニュースはどこかいかがわしく、信頼できない」という思いを人々に抱かせるにいたった責任の多くはもちろんメディア側にある。そのきっかけとなったケースの一つが二〇一一年三月一一日に起きた東京電力福島第一原発事故をめぐる報道だろう。そこで人々が目の当たりにしたのは、原子力ムラの「政・官・業のトライアングル」にとどまらず学者やメディアまでが組み込まれた「原発利益共同体の五角形」とでもいうべき関係性であり、その中にどっぷりつかったメディアの報道実態だった。

さらに直近でいえば二〇二〇年五月、新型コロナウイルスの感染拡大を受けた緊急事態宣言が出されているのをよそに、『週刊文春』五月二八日号がスクープして発覚した、東京高検検事長と産経新聞記者や朝日新聞の元司法担当記者が賭けマージャンを繰り返していたケースだ。

事件発覚後、女優の大竹しのぶは朝日新聞の連載コラムでこの問題についてこう書いた。

「命をかけて必死で働いている病院関係者の方々、誰の面会も許されず、病院で亡くなった方もいるだろう、先行きが見えず自殺した方もいた。そんな状況の中で、悪いことを追及すべき立場の人間がなぜ、麻雀ができるのか教えて欲しい。事実を正しく報道すべき新聞社の方がなぜ？　怒りを通り越してなんだか恐怖さえ感じてしまった」(5)

この受けとめ方こそが市民感覚そのものだと筆者は感じる。だが問題が発覚した当初、メディア関係者の中には「検察幹部によくぞそこまで食い込んだ」といった頓珍漢な反応を示す者も少なからずいた。市民とメディアの距離はそれほどまでに離れているということだろう。その距離を少しでも埋めていくためにも、メディア内部にいる当事者たちは前例のない範囲と深さと新たなやり方で自らのリアルな姿を人々の前に開示しなければならないのだ。

メディアが発信する情報の品質を外部からチェックする手段や回路が存在しないからこそ、メディアは「ブラックボックス化している取材過程の可視化」に全力で取り組むこと。さらに記者や番組制作者が取材の過程でどんな事実に遭遇し、その中からどういう理由で事実を選択的に選んで最終的な記事や番組にまとめていったのか、試行錯誤の流れもオープンにしてあとから人々がネット上で確認・検証することができるようなデジタル上の工夫も要るだろう。

そんな「追跡可能性(traceability)」や「検証可能性(verifiability)」を確保する回路、つまりは情報やニュースに関して市民に向けた「新たな信頼保証の仕組みと流れ」を創ってオープンにすることだ。加えて、取材する相手が決まった時点でその情報をネットで公開し、「どんなことをこの人物に聞いてほしいか」と質問内容を募集することにも挑戦してほしい。

メディアが自らを積極的に開示しようとするこうした取り組みを通じて市民とメディアの間に新たな回路や基盤を創り、メディアがありもしない「客観性」や「中立性」という神のごとき視点から事実を故意に選び取って記事や番組を作っているのではないということをまずは多くの人々に実感してもらうことができたとしたら、それは「信頼」回復や「信頼」再構築に向けた遠い道のりの第一歩となりうるのではないだろうか。

この取り組みに挑戦する場合、参考になるのは先述したタンの長年のモットーでもある「ラディカル・トランスペアレンシー(徹底的な透明性、radical transparency)」という考え方であり精神だ。「政治において信頼を積み上げてゆくためには相互のコミュニケーションを促し、透明性を高めることが大事だ」。そう考えるタンはデジタル担当相就任以来、「徹底的にオープンで透明性の高い手法を採る」ことにこだわり続けている。その考えを支える精神こそが「ラディカル・トランスペアレンシー」だ。タンはこう指摘している。

「徹底的にオープンにする。作るところを見せる。プライバシーを守っているところも見せるということが信頼につながり、成功につながります(6)」

また政府に対する市民の信頼を取り戻そうと考えたタンが主導して取り組んできた「オープンガバメント(開かれた政府)」作りの要諦についても、タンは「すべてのプロセスを明らかにすることによって、市民の行政府に対する信頼が高くなり、それがまたさらに市民を政治参加させるという好循環につながります」と述べている(7)。

いくつもの画期的な試みに果敢に挑むことで台湾におけるデジタル民主主義を実現してきたタンのこうしたことばからも、人々の信頼を獲得する上で「過程を見せる」ことがいかに重要かが伝わってくるだろう。だからこそ、日本のメディアも言い訳程度に表面をなでるような「取材過程の可視化」でお茶を濁すのではなく、「ラディカル・トランスペアレンシー」の名にふさわしいレベルにまで「取材過程の可視化」の徹底に挑めるかどうか。各社の本気度が外部からもはっきり見えるだけに、メディアにとってはまさに正念場となるだろう。

本気度を示すという意味では、例えばメディア各社が「今日はどのニュースを何時にどんな形で発信していくか」をめぐって議論する編集会議の内容をその都度テキストで公開したり、あるいはリスク管理の議論を取り合えず脇に置けば、その日の当番編集長と出稿側のデスクらが実際に意見を闘わせている様子をそのまま動画でリリースする手法も考えられるだろう。

「プロセスエコノミー」の観点からも「取材過程の可視化」が重要だ

この取材過程の「可視化」は、プロセス自体を販売可能な商品とみなす「プロセスエコノミー」の観点からも極めて重要だ。なぜなら制作過程の「プロセス」こそは、ほかの誰にも真似のできない、その会社独自の経験が詰まっていて第三者からも関心を持たれる可能性を秘めた価値や商品になりうるからだ。

人々が「プロセスエコノミー」に注目する理由について、フューチャリストの尾原和啓はその著書

『プロセスエコノミー　あなたの物語が価値になる』の中で、けんすうさんが最初に書いたNoteから次のように説明している。

「なぜプロセスを見られるようになっているかというと、「アウトプットエコノミーが一定の規模まで到達したことで、もう差別化するポイントがプロセスにしかない」となったからだと考えています。（中略）たとえばマンガ家さんなら、マンガを売るというより、「マンガを描いている姿をライブ配信して、そこで投げ銭をもらう」みたいなイメージです。（中略）インターネットとSNSの普及によって生まれるプロセスエコノミーでは「単にプロセスを垂れ流ししているだけでも課金されるというのが可能なんじゃないかなと思っています」[8]

この本の中で尾原が繰り返し指摘している「今は人もモノも埋もれてしまう時代。そんな中、プロセスを共有し、たとえ少数でも熱いファンを作ることは大きな武器となる」という考えはメディア、特に報道の現場でももっと前向きにとらえるべきではないだろうか。

「取材」ということばの陰で、また人々からは決して見えない「ブラックボックス」の中で、権力を持った側に接近して「インナーサークルの一員」になったプロの集団が作る報道のあり方には社会から深刻な「NO」が突きつけられる時代になった。権力者に肉薄する努力は必要だが、メディアにとってあくまで評価の対象となるのは「その結果何を報道できたか」の一点だ。

ただしそのラインナップに「取材過程の可視化」＝「プロセス」を加えるという新たな選択肢が浮上してきた。いま必要なのはおそらく逆転の発想だろう。人々の心に届く深い報道を展開していくためにも、取材プロセスを公開して自らをさらけ出し、「メディアは決して間違えない」という意味での

「誤った無謬性《むびゅう》」とは無縁の、メディアとして時に悩みを抱えた脆弱(vulnerable)な存在であることもオープンにしながら、そのことによって逆に支持者を増やしていくという新たな報道スタイルの開発。それこそがいま求められているのだ。尾原はいう。

「プロセスに価値を乗せるには、作り手がそこにストーリーを込めたり、なぜやるか(Why)という哲学を示すことが大切です。さらに作り手一人では限界があるので、ユーザーをファンにし、セカンドクリエイターとして巻き込み、熱量を上げていく必要があります。ファンがコミュニティになっていけば、ファン一人一人が新しい物語を生み出し、さらに熱量も上がり、新しい人をひきつける。そしてその結果、多様な物語が生まれ、さらに新しい人をひきつける」(9)

メディアや報道の世界ではそこまでバラ色の未来を描くことは現実的には難しいが、読者や視聴者からの問い合わせに絶えず身構え、防御的な姿勢を示して結果的に新たな「ファン」を獲得することに失敗し続けてきたメディア各社にとっては貴重な意見ではないだろうか。

「防衛費四三兆円、ＧＤＰ比二％」をめぐる「取材過程の可視化」

では「取材過程の徹底的な可視化」は具体的にどんなケースでとりわけ有効だろうか。

一つ例を挙げるならば、岸田政権が二〇二二年一二月一六日に閣議決定した、外交・防衛政策の基本方針である「国家安全保障戦略(ＮＳＳ)」など安保関連三文書をめぐる一連の報道はそれにあてはまるだろう。なぜなら「日本を取り巻く安全保障環境がかつてないほど厳しい」ことを理由に、岸田政権は国会での十分な説明や国民への説明をまったく欠落させたまま、相手の領域内を攻撃する「敵基地攻撃能力」を保有することや五年間の防衛費総額を従来計画の一・五倍以上にして総額四三兆円とすることなどを文書に盛り込んだからだ。

民主主義社会においては、国民にも多大な影響を与える政策決定過程についての検証をメディアが行うことが決定的に重要だ。なぜなら本来、こうした検証の役割を担うのはメディアと国会だが、国会での検証は実際には与野党の思惑や駆け引きなどもあって迅速かつ徹底的に行われることは事実上はほとんどまれだからだ。その分、メディアがこの検証機能を十分に発揮できなければ、政策に関する検証がブラックボックスのままの状態で取り残されてしまうからだ。

これまでの安全保障政策や防衛費の水準を大きく変更して「この国のかたち」を変えるほどの内容になっているにもかかわらず、少なからぬメディアは「閣議決定した」という事実だけを「そのまま、客観的に」伝える報道で済ませた。

だが政治ジャーナリストの星浩がオンラインメディアの「Arc Times」で語ったところによると、四三兆円への積み増しと「防衛費を五年以内にGDP比二％以上」にするという内容は、実際には閣議決定の約半年前の二〇二二年六月の時点でほぼ決定していて、その内容はその時点でバイデン政権に伝えられたという(10)。その後防衛費の増額の数字が上下するなどしたがそれらはすべて政府のシナリオ通りで、国民は「蚊帳《かや》の外」に置かれたままだった。

財務省側は否定しているが、この経緯が事実だとすれば、水面下で進行する事態を取材していたはずのメディアの報道は事実上の完敗だったということにもなるだろう。安全保障というデリケートな分野の問題とはいえ、閣議決定に至る前にいくつかの局面で問題提起を行い、「いま水面下で何が進行しているのか」を国民に知らせる責任がメディアにはあったはずだからだ。

そして戦後日本の安保政策を大転換させたにもかかわらず、その後の報道はすぐに財源論の議論に移ってしまい（言い換えればそのように政府側によって巧みに誘導されてしまい）、「安全保障政策としてほんとうに正しい選択なのか」「憲法を始めとする「法の支配」の問題としてどう考えるべきか」「国の専権事項とされる安保政策とはいえ国民主権不在の決定の仕方にどこまで妥当性があったのか」など多岐にわたる論点は事実上手づかずの状態になっている。

だからこそ各メディアは一連の報道を猛省した上で、どの点で取材が甘かったのかといった点も含め、「なぜもっと早く国民に情報を提供して問題提起できなかったのか」という観点から自らの報道を厳しく振り返りつつ、「取材過程を可視化」して総点検しながら改めて問題提起を行う必要があるのではないか。

「ネガティブ・ケイパビリティ」の重要性

安保関連三文書をめぐる報道が突きつけている問題について、同志社大学グローバル・スタディーズ研究科准教授の三牧聖子は「これほど大きな政策転換です。むしろ思考を流れに任せてしまわないことが大事ではないでしょうか」[11]と指摘した上で、「ネガティブ・ケイパビリティ（negative capability）」というキーワードを使って次のように述べている。

「昨今、人文学や社会学では「ネガティブ・ケイパビリティ」ということばの重要性がますます強調されています。これはもともと詩人のジョン・キーツの言葉で、「容易に答えが出ない事態について、性急に事実の解明や理由を求めず、不確実さや懐疑の中にいることができる能力」を意味します。この「ネガティブ・ケイパビリティ」は、安全保障を考える際にもとても大事だと思います。（中略）これだけの安全保障政策の転換について、政府の説明はどう見ても不十分です。私たちの命や生活に直結する問題については、「何かおかしい」と感じたときにはその違和感を大事にして、その違和感が意味するところをしつこく考え抜くことがとても大切だと思います」

また作家で精神科医の帚木蓬生はこの「ネガティブ・ケイパビリティ」を私たちの人生や生き方に引きつける中でその重要性を強調している。

「私たちが、いつも念頭において、必死で求めているのは、言うなればポジティブ・ケイパビリティです。しかしこの能力では、えてして表層の「問題」のみをとらえて、深層にある本当の問題は浮上せず、取り逃がしてしまいます。いえ、その問題の解決法や処理法がないような状況に立ち至ると、逃げ出すしかありません。（中略）しかし私たちの人生や社会は、どうにも変えられない、とりつくすべもない事柄に満ち満ちています。むしろそのほうが、分かりやすかったり処理しやすい事象よりも多いのではないでしょうか。だからこそ、ネガティブ・ケイパビリティが重要になってくるのです[12]」

三牧が指摘するように、「違和感を大事にして、その違和感が意味するところをしつこく考え抜くこと」はまさにメディアが本領を発揮しなければならない分野だ。また帚木がいうように、なかなか浮上してこない「深層にある本当の問題」をしっかりとらえて様々な角度から分析を行い、その結果を人々に示すこともメディアの仕事に他ならない。だからこそ定時のニュースで「閣議決定した」と垂れ流して終わりではなく、そこから「問い直しの第一歩」を踏み出し、問題をさらに深めてしつこく問い続けることにメディアは取り組まなければならないのだ。

さらに、哲学者の鷲田清一は「肺活量」というキーワードを使ってこんなことを述べている。「必要なのは、わたしたち一人ひとりが、できるだけ長く、答えが出ない、出せない状態のなかにいつづけられる肺活量をもつこと、いってみれば、問えば問うほど問題が増えてくるかに見えるなかで、その複雑性の増大に耐えうる知的体力をもつこと(13)」。

ロシアのウクライナ侵攻以降、あたかも「有事」「危機」を煽るかのような報道も一部に見られる状態が続いている。そんな不穏な雰囲気が社会にあるいまだからこそ、鷲田が指摘するような、答えが「出せない状態のなかにいつづけられる肺活量」や「複雑性の増大に耐えうる知的体力」をメディア関係者は自ら鍛えた上で、「すぐには答えの出ない事態に耐える力」を発揮しながら人々の不安や疑問、違和感にていねいに答えることでデジタル時代の説明責任をはたしていく、そんな奥行きと深みのある報道をこそ展開していくべきだろう。

そしてそのことを通して、人々の深い「信頼」とたしかな「エンゲージメント」をつかむための努力を不断に積み重ねていくことがメディアにはいま求められているのだ。

（１）大野和基インタビュー・編『オードリー・タンが語るデジタル民主主義』ＮＨＫ出版新書、二〇二二年、三〜四、一七〜二二頁。
（２）「オードリー・タン「デジタルは自由のために」」『日経ビジネス』二〇二〇年九月二一日号。
（３）「オードリー・タン 台湾型「熟議民主主義」の底力」『ＶＯＩＣＥ』二〇二一年一〇月号、ＰＨＰ出版。
（４）大野、同、一七頁。

（5）朝日新聞二〇二〇年五月二二日、「大竹しのぶ　まあいいか267　なぜ今、なぜあなたが」。
（6）「集団知がさまざまな問題を解決する　台湾デジタル担当大臣　オードリー・タンさんが語る未来」『Japan Innovation Review』二〇二〇年一一月二日号、JBpress　https://jbpress.ismedia.jp/articles/-/62751
（7）大野、同、二〇頁。
（8）尾原和啓『プロセスエコノミー　あなたの物語が価値になる』幻冬舎、二〇二一年、八～一〇、一四頁。
（9）同、一五頁。
（10）「Arc Times」二〇二三年一月一七日　https://www.youtube.com/watch?v=EiS06KmaPmw
（11）岡野八代・志田陽子・布施祐仁・三牧聖子・望月衣塑子『日本は本当に戦争に備えるのですか？——虚構の「有事」と真のリスク』大月書店、二〇二三年、七一～七二頁。
（12）帚木蓬生『ネガティブ・ケイパビリティ——答えの出ない事態に耐える力』朝日選書、二〇一七年、一〇頁。
（13）鷲田清一『濃霧の中の方向感覚』晶文社、二〇一九年、七頁。

第9章

未来の「メディアエコシステム」を構想する

1　環境再生医らのことばを導きの糸として

一〇〇年後の未来に向けて何をすべきか

ＡＩ（人工知能）を使ったテクノロジーが日々進化してイノベーション（変革）が次々に現れる中、情報やメディアをめぐる流通環境はこれからどのように変わっていくのだろうか。

すべてのものは目まぐるしく変化している。かつては「ＡＩのゴッドファーザー」とも呼ばれたＡＩ研究の世界的権威として知られるジェフリー・ヒントン博士（七五歳）が二〇二三年四月、グーグルを去った。ヒントンはニューヨーク・タイムズ（ＮＹＴ）によるインタビューで、企業によるＡＩをめぐる開発競争について「五年後は恐ろしいことになると予測できる」として今後の行く末に警鐘を鳴らした。また二〇一八年にノーベル経済学賞を受賞したニューヨーク大学教授のポール・ローマーは、元々はシリコンバレーで人気が高い経済学者だったが、ある時期から「巨大テック企業が新しいアイデアの循環を阻害している」として「反ＧＡＦＡの急先鋒」になった。さらに二〇二一年には「グーグルやフェイスブックが開拓したデジタル広告モデルが民主主義に対してますます大きな脅威を及ぼしていることに人々は気づいてきている」と指摘し、「デジタル広告収入に対する累進課税導入のススメ」を説くまでの変貌を遂げた(1)。

ＧＡＦＡなどを取り巻く環境が劇的な変化を見せ始めている中にあって、人々のアテンション（関心）を収奪し合う「アテンション・エコノミー（ＡＥ）」を駆使した巨大プラットフォーマー（以下ＰＦと表記）による広告ビジネスはいまと同じ形態で存続できるのか。他方、スマホが超小型化してディスプレイの画面すらも不要になるとしたら、新たな「言論空間」や、自分と異なる他者と出会うことで新鮮な発見をする「セレンディピティ（serendipity）」の経験は縮小・消滅の一途をたどるのか。また新聞やテレビはこれからもいまと同じ形で存続しうるのだろうか？

総じてメディアを取り巻く情報生態系、つまり「メディアエコシステム（media ecosystem）」はどのような変貌を遂げていくのだろうか。一〇〇年後の未来に向けて今のメディアエコシステムを健全なものに創り替えていくために私たちは今何を目指して何に取り組んでいくべきか。また民主主義をバージョンアップしていくための情報環境を整備・構築していくためにはどうすればいいのか。そんな壮大な疑問や問題設定を掲げてはみたものの、いくつもの不確定要素が絡み合う上にテクノロジーの進化のスピードも予想を超えて速く、現時点ではよくわからないことが多い。

他方、フェーズはまったく異なるが、いまの日本には「大地も人間と同じように呼吸している」との考えのもと、それが滞っている場所に「風と水の通り道」を作ることで窒息しかけている大地をよみがえらせ、現実の生態系を生き生きとしたものに作り替えている造園技師で環境再生医の矢野智徳らがいる。目の前のリアルな現実との対話をあくまで大切にしながら現状を変革していく改革者矢野の「慌てず焦らずゆっくり急ぐ」という仕事のスタイルは、メディアを取り巻く数々の問題の解決策を考える際にも貴重な示唆を与えてくれると私は感じている。

この章では、新たな時代への見晴らしを少しでも切り開くため、過酷な現実と格闘しながら理想的な生態系の実現を目指す環境再生医らのことばを導きの糸やヒントとしながら、思考の射程を少しだけ伸ばして未来につながるメディアエコシステムのビジョン（の少なくとも一断面）を提示するとともに、メディアやGAFAなどの巨大プラットフォーマー、そして市民である私たちが取り組むべき内容や方向性を考えてみたい。何のために？　もちろんメディア企業を存続させるためではなく、「市民のための信頼できるメディアエコシステム」を創るために。

「機能不全の情報生態系」が出現した

デジタル空間の広がりの中で、メディアやジャーナリズムの観点から様々な課題や問題を重点的に析出して考えようとすれば「メディアエコシステム」のレイヤー（層）が浮かび上がり、ビジネスの観点から同様のことを行えば「デジタルビジネス」のレイヤーが浮上してくる。まずはメディアエコシステムのレイヤーに光をあててみよう。

「テクノロジー企業が民主主義と言論の自由を破壊している」。二〇一九年一〇月一七日、そんな刺激的なタイトルの記事がNYTに掲載されて注目を集めた(2)。

「それまで質の高いジャーナリズムを支えてきた広告収入は、いまやグーグルとフェイスブックに乗っ取られてしまった。しかもその金額の相当部分はフェイクニュースを支え、拡散させているのだ」。記事はそう訴えた後、二〇一六年の米大統領選で介入を行ったロシアのグループなどが再び暗躍しているとしてその実態の一端を紹介した。

アメリカでは二〇〇六年以降、新聞の広告収入が三分の二程度にまで落ち込んだこと、二〇〇八年から二〇一八年にかけては新聞記者の数が四七％も減ったこと、アメリカの三分の二のエリアでは日刊の地方紙がなくなったこと、一三〇〇のエリアでは地域の話題をカバーする取材自体が行われていないことなどをＮＹＴはリポートしている。つまりは地域に密着した新聞記者らが愚直なジャーナリズム活動を実践することで維持してきたまっとうな情報生態系が消滅しかける中、その代わりに姿を現してきたのが「人々の分断を煽ったり、中毒性をはらんでいたり、陰謀論によって特徴づけられる」という「機能不全の情報生態系(dysfunctuinal information ecosystem)」であり、こうしたゆがんだ新種のメディアエコシステムが民主主義と言論の自由を根底から脅かしていると警鐘を鳴らした。

グーグルやフェイスブックなどのＰＦが「新たな統治者」としてふるまっているようなデジタル言論空間のありように対するＮＹＴの危機感は極めて強く、「インターネットに向き合う中で、ジャーナリズムと民主主義の崩壊は避けがたいものになっている」とも指摘。民主主義と言論の自由をそこから救い出すためには「私たちは情報という共有地を覆っているグーグルとフェイスブックの支配を取り除かなければならない」とした。そしてそのための具体的な方策として、グーグルやフェイスブックなどが展開しているマーケットの分散化やテック企業の分社化を図るなどのやり方を通して、広告収入の巨大な流れをプラットフォーム企業群からもう一度ジャーナリズムのほうに向かわせなければならないと力説した。

こうしたＮＹＴの主張にもかかわらず広告ビジネスの現状は厳しく、その後も新聞広告収入の減少には一向に歯止めがかかっていないばかりか、ＰＦに向かった広告収入がテレビを含めたメディア関連分野のほうにもう一度戻るといった変化は生まれてはいない。各新聞社が紙の発行部数を今後伸ばしていくという可能性は極めて想定しにくいこともあり、一〇〇年後の未来に向けてメディアエコシステムを健全化するためには多額の資金をPF以外に投入していく必要があるとはいうものの、PFに過度に傾斜した流れを変えることは現実には難しい課題だろう。

政治的分極化が深刻化——アメリカの現状

アメリカのメディアエコシステムについては別の角度からもう少し詳しく見ておきたい。

二大政党制の下で国民世論が保守とリベラルに分かれる政治的分極化が深刻化していると指摘されて久しいアメリカだが、その「政治的コミュニケーションはいかに形成されてきたのか」というテーマをめぐり、過去のアメリカ大統領選などで展開されたツイッターやフェイスブック、ユーチューブの言説や映像などを徹底分析したのが、『Network Propaganda—Manipulation, Disinformation, and Radicalization in American Politics』(3)だ。ハーバード大学バークマンセンターのリサーチ・ディレクターであるロバート・ファリスが中心となり、同僚のヨハイ・ベンクラーやハル・ロバーツと共同執筆する形で一〇年がかりで完成させ、二〇一八年に出版した。

四七二頁に及ぶ大著の中で、ファリスらが分析したアメリカ政治におけるメディアエコシステムの特徴的な点を大きく押さえるとすれば次のようにまとめることができるだろう。

第一、左翼系と右翼系のメディアがそれぞれのメディアエコシステムを独自に作り上げる中にあって、そのあいだを構成する中間層が極めて薄くなっている。第二、左右双方のメディアともフェイクニュースを生み出している。とはいえ、左派メディアではそうした誤情報を駆逐しようとする自浄作用が一定程度働いているが、対照的に右派メディアでは誤情報をさらに拡散・増幅させていく傾向が顕著になっている。第三、とりわけ右派メディアでは「radicalization（過激化）」の傾向が著しく、たとえ共和党の有力議員であってもひとたび攻撃対象に選ばれれば、右派に人気のある番組の中でさながら公開処刑のような屈辱的で悪質な攻撃が執拗に繰り返されている。第四、この突出した右派のメディアエコシステムは周囲の環境とは隔絶する形で肥大化の一途をたどり続けている――。

ファリスらは右派メディアエコシステムの目立った特徴として、右派以外の言論は完全に遮断されていてそこでは自分たちと異なる言論に出会う機会は皆無である上に、その内部では同じ内容の誤った情報やヘイトスピーチ的な言説が、右派ブロガーやインフルエンサー、テレビ、ラジオなどによって執念深く何度も繰り返し反復される傾向が強いため、仮に偽情報を流したメディア一社だけを厳しく批判したとしても、メディアエコシステムの健全化には決して向かわないという全体的な構図を押さえておく必要があると強調した。

アメリカのメディアエコシステムと日本の状況を比べた場合に共通する部分と似ていない部分があるのは当然だが、仮に問題があるメディアが存在するとしてそのメディアだけを何らかの方法で取り除こうとしても問題は一向に解決しないという点は、日本のメディアエコシステムの健全化を考える際にも有意義な指摘といえるだろう。

大地を再生させるために「風と水の通り道」を作る

ここまでアメリカにおけるメディアエコシステムの空間が新聞の凋落や偽情報の蔓延、右派メディアの肥大化などによって大きなダメージを受けている現状をみてきたが、ここで議論の角度を変えて、矢野智徳のことばを通してメディアエコシステムの問題に光をあててみよう。

一九九五年の阪神淡路大震災によって被害を受けた庭園の樹勢回復作業を行う中で環境改善施工の新たな手法に取り組み始めた矢野は、コンクリート優先を始めとする現代の土木建築工法の裏に潜む環境問題にメスを入れるとともに、全国各地の現場で「大地の再生」を実践してきた。そんな矢野は、ドキュメンタリー映画「杜人《もりびと》　環境再生医　矢野智徳の挑戦」の中で次のようなことを話している。メディア改革を考える上でも示唆に富む発言が多くみられるため、この映画のシナリオをもとに、ことばが生まれたシーンも併せてその一部を収録しておきたい(4)。

鹿児島県熊毛郡屋久島町。ごつごつした岩が広がる浜辺で、弱って葉をほとんど落としてしまったガジュマルの木を見やりながら矢野はいう。「**生物環境も、雨風の気象環境も、大地の環境も、生態系連鎖として、人がやっている開発の影響をなんとか食い止めようとして実は日夜動いている。それでも、この屋久島の生態系のエネルギーでやっても追いつかないぐらい、人の負のエネルギーのほうが大きいから、こういう状態になっているんです**」(強調は筆者、以下同)。

人間が繰り広げている開発がもたらす悪影響に何とかストップをかけようと、リアルな生態系が日夜奮闘しているにもかかわらず疲弊してしまうガジュマルの木々。それほどまでに人間の「悪」の力が強いのだとしたら、希望の光をつかむにはどうすればいいのか？

「根から吸い上げたものを葉から蒸散することで植物は大地の呼吸を担っている」。そう考える矢野は、刃先がのこぎり状になっている通称「ノコ鎌」を使ってガジュマルの根元まわりの草を軽いタッチで払っていく。風の通り道を作るために、伸び放題の草でも地際からすべて根こそぎ刈り取ることはしない「風の草刈り」のやり方だ。

そしてガジュマルの木のほうから海へと流れ込む水の流れの中に小さなスコップの移植ゴテを差し込み、あたかも血流をよくする経絡上の要所であるツボを的確に押していくように、「脈絡の関節」と見定めた箇所にやや大きめの縦穴＝点穴《てんけつ》を次々に開けていく。すると、停滞していた水が突然、海に向かって波紋を描きながら勢いよく流れ出していく。それを見て矢野はいう。「波紋が出てきたでしょう。これがいるんですよ。これだけでガジュマルは息をし始める」。

これはメディアエコシステムの健全化を考える上でも参考になるシーンの一つだ。なぜなら、ネット上の情報空間の健全な流れを阻害している偽情報や誤情報をファクトチェックという「ノコ鎌」で払いのけていく作業や、根詰まりを起こしているメディア内部の問題やプラットフォームのあり方を見直す過程において、それぞれの急所を的確に把握した上で「信頼できる情報の通り道」を作って風通しを良くしていこうとする作業がそこに重なって見えるからだ。

他方、理想的なメディアエコシステムを将来的に現実のものにしていくための作業はいかに難しいかということも、現実の生態系は黙って私たちに教えてくれている。

長野県安曇野市。自然農の畑で草刈りをしている矢野はこう話す。

「それぞれの作物にとっては、みんなが、いろんな生きものがいることが、すべてプラスだけでもないわけです。実は居心地が悪かったり、嫌な相手も、状態もあるわけです。自分がこうありたいと思うことが全部満たされなくても、ほどほど満たされる状態……。満たされないことがあってあたりまえというか、そういう状態がちゃんと保たれているのが自然の生態系のシステム」

「大地の呼吸が弱っている」という深刻な危機感を持ち、大規模開発で傷んだいくつもの現場で様々なトラブルを乗り越えながら、現実に大地をよみがえらせる経験値を具体的に積み重ねてきた矢野のこうしたことばが重いと感じるのは筆者だけだろうか。

容易にはわかりあえない他者と同じメディアエコシステムの中で共存していくためには何が必要か。分断を乗り越え、メディア社会を創る協働性や共通のルールを構築することはいかにして可能か。私たちは「異なる他者とともに生きる」意味を何度もかみしめながら、矛盾のかたまりである「現実」の中で、どこまでも粘り強く考え続けていかなければならないのだろう。

2 NHKはほんとうに「公共放送」たりえているか？

「ネットの本来業務化」を含むいくつもの論点が浮上

新しい情報生態系を構想しようとする時、避けては通れないのがNHKをめぐる問題だ。

日本のメディアの中で突出した資金力と大きな影響力を持つＮＨＫは潤沢な受信料収入を背景に、ニュースやドラマ、エンタメ、「ライフ・教養」など様々なジャンルで優れた作品を生み出す一方で、時の政治権力との関係についてＮＨＫ自身のあり方がこれまでに何度も問われてきた。

そんなＮＨＫにはここへ来て新たな論点も浮上している。その一つが、ネット中心の時代に「テレビ離れ」が進む渦中にあって、ＮＨＫが放送だけでなく「ネットの本来業務化」に乗り出そうとしていることに関する問題だ。

ＮＨＫのインターネット業務の位置づけを話し合う総務省の有識者会議「公共放送ワーキンググループ（ＷＧ）」は二〇二三年八月二九日に報告書案をまとめ、参加委員が大筋で同意した。朝日新聞によると、現在、受信契約者を対象に任意で提供している地上波放送番組のネットでの同時・見逃し配信を、放送と同様、必ずＮＨＫが行うべき「必須業務」に格上げし、テレビを持たない人にも、費用負担を条件に、スマートフォンなどからネット視聴できるようにすることを提言した。ＮＨＫのインターネット業務を放送と同様の必須業務に位置づけることを、総務省の有識者会議が容認した形だ。

ＮＨＫのネット空間への本格進出の広がり具合とその深さ次第では、この国のメディアエコシステムの未来像も大きく様変わりする可能性がある。この点がネックになって二〇二三年一二月の時点では残念ながら「未来のメディアエコシステムの全体像」までを描くことは難しいといわざるをえない。

他方、視聴デバイスの多様化などを背景に、テレビの視聴時間が減るだけでなく「自宅に設置したテレビの前に座って、テレビ局が発信するコンテンツを家族が一緒になって、リアルタイムで視聴する」という人の数が減って生活スタイルの多様化が進んでいる。

これに伴い、ネット時代の「公共」とはいったい何を意味するのか、ひいては「いまのNHKはほんとうに「公共放送」たりえているのか？」などいくつもの根源的な疑問がネット受信料問題も絡んで浮かび上がってきている。

またNHK放送文化研究所は二〇二二年一〇月、「テレビ・ラジオ視聴(リアルタイム)の現況～二〇二二年全国個人視聴率調査から～」を公表した。それによるとNHK総合テレビの週間接触者率(一週間に五分以上見た人の割合)は五七・三％で前回(五四・七％)と同程度だった。NHK総合テレビを一週間に五分も見ていない日本人は全体の約半数に上る。そんなデータが調査から浮き彫りになった。

「受信料制度は「強制サブスク」と化している」

『週刊東洋経済』は「膨張する公共放送を総点検　NHKの正体」とのタイトルを掲げた二〇一九年一一月二三日号に続き、二〇二三年一月二八日号でも「暴走する「受信料ビジネス」　NHKの正体」と題した特集を展開した。(5)

本文中、「続々と集まるデジタル人材　ネット急拡大のひずみ」というタイトルの論考では、「NHKがネット事業拡大を急ぐのは、テレビ離れが急速に進んでいるからだ」とした上で、「NHKにとってテレビ離れ以上に深刻なのは、テレビ設置者から強制徴収する受信料制度への国民の抵抗感だ」と指摘した。

また「絶対に死守したい受信料収入」と題した論考では、「公共放送の受信料は見たい人が払うサービス対価ではなく、公共放送機関そのものを維持・運営していくための「特別な負担金」とされる。

テレビを設置しているすべての世帯が負担することで、NHKが全国あまねく、確かな情報を届けるという理屈」を紹介。だから「NHKにとってスクランブル化(電波を暗号化し、見たい人が有料で解除して見る)などは論外だ」というが、「テレビ離れが進み人々の生活習慣がネット中心になった昨今、その理屈が今後も通るか。とくにテレビをリアルタイムで見る習慣のない若い世代には納得できるものではない」「動画のサブスクリプション(定額料金制)サービスに慣れ親しんだ世代にとって、受信料制度は使わないのに請求される『強制サブスク』と化している」と指摘した。

さらに、「受信料制度をめぐる現在の最大の論点がネット受信料だ」とした上で、「受信料収入が六〇〇〇億円を割り込むのが時間の問題となる中、NHKはテレビ放送を見ない人からの受信料を徴収できる仕組みを築きたい。ネットが本業化された場合、どのような形で受信料を徴収するのか」と問題提起。「すべてのスマホ保有者から徴収する案は、公共放送WGでは否定的な声が相次いだため実現の可能性は低い」が、「疑問は拭えない。NHKが国民からの受信料を財源にするのは、政治権力や資本など特定勢力におもねらない放送をするためだ。だが、この『独立性』という建前を信じている人がどれだけいるのか」と根本的な疑問を提示した。

市民のために存在する――「不偏不党」のBBC

NHKと比較する対象としてよく持ち出されるのが、英国の公共放送であるBBCだ。両者には当然違う点もあるが、BBCの国内活動資金のほとんどは視聴世帯から一定の金額を一律徴収する「テレビ・ライセンス料(NHKの放送受信料に匹敵、以下「受信料」)」収入によっている点でNHKとは似ている。

その受信料制度について二〇二二年一月、英国の放送・通信業を管轄する当時のデジタル・文化・メディア・スポーツ(DCMS)省のナディーン・ドリス相が、受信料制度に基づく公共放送のあり方を変更する考えをツイッターで示唆して激震が走った。在英ジャーナリストの小林恭子は『週刊東洋経済』二〇二三年一月二八日号で、「ドリス大臣は反BBCの強硬派として知られる。もし廃止となれば、BBCの将来が危うくなる」と指摘した(6)。

NHKとの比較においてBBCを考える時に極めて大事な論点がある。それが「不偏不党」をめぐるBBCのスタンスについてだ。小林は朝日新聞の言論サイト『論座』での筆者の質問に対し、BBCは他の主要な放送局と同様に「公共サービス放送(PSB)」に分類されていて、この枠組みに入った放送局はニュース報道を「不偏不党」で行うこと、つまり対立する意見があれば両方を紹介し、どちらかの側に偏ってはいけないということが求められているとした上でこう解説した(7)。

「これは言外の意味になりますが、「不偏不党」は英国の文脈では、「どこにも立ち位置を持たない」ということではありません。PSB(パブリック・サービス・ブロードキャスティング)は「公共のため」に、つまり市民のために存在しているということです。市民の反対に位置するのは「権力者」です。よくメディアは「権力の監視役」といわれますよね。本当にその通りで、**報道機関は「市民の側に立って、権力を監視している」**という意味です。その意味で、英国のメディア構造や言論空間を理解する点において、**「不偏不党(impartial、インパーシャル)」とは「市民の側にも、権力者の側にも立たない、無色透明の中立」を意味しないということ**は了解しておくべきかと思います。当然、BBCもその姿勢を遵守します」

重要なことは、そうしたＢＢＣの報道姿勢を英国市民が支持しているという事実だ。

「番組で政治家を厳しく問いただすＢＢＣ」

例えば私たちは身の回りにある見慣れた光景を見て「デフォルト（default）」、つまり「これが基本形」「これがあたりまえ」として無意識のうちに受け入れてしまいがちだ。だが、番組の中で「政治家に対し、キャスターや記者が一切の忖度なく時に厳しく問いただす」のが「あたりまえ（デフォルト）」のＢＢＣのような報道のあり方と、ＮＨＫの政治部員らが政治家の話をひたすら受動的に聞いて解説するだけのＮＨＫの報道は明らかに異なっている。

つまり同じ「公共放送」といってもＢＢＣのような「忖度なしの報道」がありうるということ、いやむしろそれこそが「公共放送」としての政治報道に対する姿勢というものではないかということを、ＢＢＣの番組は私たちの前に具体的に提示してくれているということもできるだろう。

小林は月刊『Journalism』二〇二二年一二月号の中で、「ＮＨＫとＢＢＣのジャーナリズムを権力者との対峙姿勢という観点から比べると、この点も大きく違うように思える」と指摘。その一例として、二〇二二年一〇月にＢＢＣラジオ４で放送された時事番組「トゥデー」を取り上げ、スコットランド地方の病院で救急サービスを利用した時の待ち時間が長期化して過去最悪となった問題をめぐり、同番組の記者ミシェル・フセインが、スコットランド自治政府の当時の首相ニコラ・スタージョンをインタビューした際の場面を次のように紹介した。(8)

「ポッドキャスト版ではまず救急サービスの問題点を指摘する国民保健サービスの関係者の短い音声クリップを流した。その後で、フセインとスタージョンの一対一のインタビューになった。**スタージョンの説明を何度も遮りながら、鋭い質問を浴びせるフセイン。追いつめられたスタージョンの狼狽ぶりが伝わってきた。**政治家に対しこのようなニュースの構成をし、挑戦的な質問を投げかける形は日本の視聴者に受け入れられるだろうか」

「政治家を含めた権力者の監視というジャーナリズムの役割を果たすため、ジャーナリストが国民の側に立って政治家を厳しく問いただす場面が珍しくないのが現状となっている」

この国で大きな影響力を持つNHKにとって政治権力との向き合い方がなぜ重要か。この点を過去に遡って改めて整理しておけば、一九三一年の満州事変以降の戦争の中で、またとりわけ一九三七年から一九四五年までの間、厳しい情報統制のもとで(社団法人の)日本放送協会は朝日新聞などの言論機関とともに大本営発表の一翼を積極的に担い、「国策放送局」として日本中にデタラメな戦況を伝え続けて国民を戦争に駆り立てた「負の歴史」を背負っているからだ。

元NHKディレクターの大森淳郎は二〇二三年、『ラジオと戦争　放送人たちの「報国」』(NHK出版)を出版して戦時下ラジオ放送の実態を詳細な事実に基づいて描き、社団法人日本放送協会と現在のNHKを厳しく批判した。その中で大森はこう指摘している。[9] 第2章でも触れたが、きわめて大事な指摘なので再掲したい。

「戦争協力は「外部から加えられた重圧」によるものであり、協会に責任があったわけではない。戦争協力は仕方がなかったのだ――。そういう面もあっただろう。だがあの時代、日本放送協会職員は、決して「仕方なく」ではなく、全身全霊をかけて戦争協力に尽力したことを忘れてはならない。ニュース、ドキュメンタリー、ドラマ、音楽芸能、あらゆるジャンルの放送現場で、どうすればより効果的に国民を戦争に動員できるか、懸命に考え実践していたのである」

「大本営発表のような現象が二度と起こりえないかといえば、必ずしもそうとは限らない」と考える近現代史研究者の辻田真佐憲が指摘するように、大本営発表の本質は「軍部と報道機関の一体化」である。つまり「政治権力と報道機関の一体化」、より簡潔にいえば「政治と報道の一体化」であり、そこで問われているのは報道機関の独立性そのものにほかならない。(10)

だからこそ、時の政権に対して忖度せずに番組の中で正々堂々と問題点を鋭く指摘するBBCとの比較で考えてみても、「いまのNHKはほんとうに「公共放送」たりえているのか？」という根底的な論点を含むNHKと政治権力の関係が今日まで問われ続けているのだ。

「BBCは政府に媚びへつらう組織ではない」

二〇〇三年開戦のイラク戦争をめぐる報道を振り返れば、BBCが時のブレア政権と激しく対立したことは広く知られている。経緯の詳細は省くが、翌二〇〇四年、政権と激突した結果、ギャビン・デービス経営委員長は自ら辞任し、報道部門の責任者だったBBC会長のグレッグ・ダイクも辞任に追い込まれてBBCを去り、BBCは発足以来最大の危機を迎えた。

だが、「ダイク辞任」が伝わった直後にはロンドンのBBCテレビジョンセンター前に数百人のBBC職員が職場を離れて集まり、「グレッグを返せ」と抗議集会を開いた。その日の夜、一〇〇〇人ほどに膨れ上がった人々に囲まれたダイクは「私が辞めたのはBBCの独立と公益を守るためだ」と訴え、拍手喝采を浴びた。その光景は歴史の一頁にしっかり刻まれている。

二〇一〇年、イラク戦争を検証するためイラクや欧米を旅していた筆者はロンドンでダイクに会い、一時間余にわたってインタビューを行った。「対立するもののバランスを正しく取れ。BBCはそのバランスを正しく取っていない」といいがかりをつけてBBCの戦争報道を激しく批判した当時のブレア首相との闘いの様子をたずねると、ダイクは持ち前の迫力ある野太い声で、手を大きく動かすジェスチャーを交えながら次のように語った。

「BBCが戦争に反対する意見を報道していたことが、ブレア首相は気に入らなかったのです。でも私がいいたかったのは、自分の考えに沿わない特定の報道に圧力をかけるという行為は公正とはいえないのではないか？　ということでした。私が辞めた時、BBCの多くの職員が抗議をしてくれたのは非常にありがたいことでした」

「歴史的に振り返れば、過去の戦争に際してもBBCと政府が対立したことはたびたびありましたが、公共放送としてのBBCには政府に説明責任をはたさせるという役割があります。政府というのは権力を持っていますから、権力を持った政府の問題点をジャーナリズムが追及しなければ一体ほかに誰ができるというのでしょうか？」

ブレア政権と対峙した当時の緊迫した日々を思い出したのか、熱を帯びた口調でダイクは語り続けた。一三年前のインタビューだが、音声データに残された骨太な声は鮮明だ。

「仮にBBCの番組に何か問題があると政治家が考えたとしても、その番組を、放送前に政治家に見せるなどということは、ＢＢＣでは絶対にありえません。なぜならＢＢＣは、政府に媚びへつらったり、おべっかを使ったりするような組織ではないからです。ＢＢＣはあくまでも国民のための組織です。ＢＢＣとしての考えに基づいて公正に報道するというのが、ＢＢＣの任務だと私は強く信じています」

「市民のための信頼できるメディアエコシステム」を考える時、「報道の自由」についての深い信念に裏打ちされたダイクのこうしたことばは極めて大事なことを教えてくれているように思えてならない。ＢＢＣは約一〇年ごとに更新される「王立憲章（ロイヤルチャーター）」によってその存立が定められている。現行の王立憲章の有効期間である二〇二七年一二月末までは受信料制度の継続が決まっているため、二〇二八年以降にどうなっていくのか、人々は注目している。

新たなＮＨＫ像をみんなで議論すべき時だ

先述した『週刊東洋経済』二〇二三年一月二八日号は、「編集部から」というコーナーに編集長や編集部員の声を掲載している。それがＮＨＫ問題の核心の一つを衝いていると思われるので、ここでその一部を紹介しておきたい(11)。

「公共という概念は、つかみどころのないものです。民間でも国でもありません。この「つかみどころのなさ」を、ＮＨＫは巧みに利用してきたような気がします。番組を見ようが見まいが受信料を払わなければならない理由について、ＮＨＫは「公共放送だから」と説明してきました。いや、それしか説明してきませんでした。あえて曖昧さを残してきたのです。そして今、ネットユーザーからも受信料を徴収しようと模索しています。公共は曖昧だから、ネット空間にも入り込むことが可能なのです。若い世代から「スクランブル化しろ」という声が上がるのは道理でしょう。公共放送は何のために、誰のために存在するのか、立ち止まって考える時です」

他方、NHKはホームページ上で「NHKがめざすもの」として、「受信料で成り立つ公共メディアとして、人々の命と暮らしを守り、持続可能な社会を実現するため、信頼される「情報の社会的基盤」としての役割を合理的なコストで果たしていくこと。(中略)経営資源を多様で質の高いコンテンツの取材・制作に集中させ、正確、公平公正で、豊かな放送・サービスをいつでもどこでも最適な媒体を通じてお届けし続けること。公共メディアNHKは、「新しいNHKらしさの追求」を進めます」などと述べている。

だが先述したように、特にネット事業が本来業務化されたと仮定した場合、具体的にどんな事業を展開していきたいと考えているのか、国民への説明は決定的に不足しているのが現状だ。

健全なメディアエコシステムを創っていくために何よりも大事なことは、NHKをめぐる議論を一部の「有識者」や政治家、官僚に任せてはならないということだ。「NHKの統治システムはほんとうに現行のままでいいのか」という論点を含め、新たなNHK像と「目指すべきメディアエコシステム」のあり方をみんなで議論すべき時が来ているのではないか。

多くの優れた番組を作るとともにリスペクトできる放送人を多数輩出しているNHKだからこそ、その場には組織による制約を超えて、ぜひ当事者であるNHKの職員も多数参加して議論に加わってほしい。BBCの独立と公益を守るために時の政権と果敢に闘ったダイク会長に激励のエールを送るため、ＢＢＣテレビジョンセンター前に勇気を持って集まった数百人のＢＢＣ職員のように。

「ＮＨＫと共同通信を解体して新しい公共メディアを創る」

そんな中、ＮＨＫをめぐる注目すべき提案が元ＮＨＫ関係者から浮上している。元ＮＨＫネットワーク報道部専任部長で、現在はネットメディア「スローニュース」のシニアコンテンツプロデューサーを務める熊田安伸は「ＮＨＫと共同通信を解体し、そのレガシーの良い部分を引き継いだ形で新しい公共メディアを創っていくべきだ」「ＮＨＫが「公共メディア」を名乗るのであれば、テレビという器をかなぐり捨ててでも、放送法そのものを見直して新たなメディアとして生まれ変わることを国民に提案すべきだ」と発表して注目を集めている。

熊田はいう。「ＮＨＫの定時のメインニュースは、国民みんながほんとうに欲しいニュースを伝えているかというと、非常に疑問がある。例えば、財務省の文書改竄問題が起きた時はニュースの中で「改竄」ということばをなかなか使おうとしなかったり、東日本大震災の東京電力福島原発事故の際は「メルトダウン」ということばをすぐには使わなかったり、旧統一教会問題をめぐる報道でも遅れを取ったり、要は国民にちゃんと伝えなければいけない情報を重要な局面で伝えることに失敗しているＮＨＫには「そのことばを使うと決断したことにしたくない」「責任を取りたくない」という幹部がいるのは事実です。それでは国民の期待に応えられるわけがない。だから受信料を支払っているみなさんは不満を持っている。つまり、ＮＨＫの報道は受信料を払っている人たちの期待値に届いていない」。

熊田はＮＨＫの意思決定層の体質についても極めて批判的にみている。

「そんなＮＨＫには一方に危機感を持っている人たちもいっぱいいるのですが、全体としては長年凝り固まった体制の中で自分の自画像が見えていないというか、自らを直すきっかけさえつかめなくなっているのが実情です。でも、いまのデジタル化の波はまさにＮＨＫを直すきっかけになりうる大転換です。だからこそいま、過去のアーカイブ映像とか技術や設備などの資産とか、ＮＨＫの良いレガシーを残して組織を解体して出直そうということです」

熊田は「ネットの本来業務化」ということばの使い方にも根本的な疑問を持っている。

「「ネットの本来業務化」といういい方も陳腐ではないかと思っています。ＮＨＫにいた時、私はネットワーク報道部という組織を仲間たちと立ち上げました。なぜかというと、東日本大震災の時に「多くの人の命を助けられなかった」という反省があったからです。あの時、「テレビというメディアだけやっていたのでは公共放送の使命はもはやはたせないのだ」と思い知らされました。だからこそ、使命をはたすためにはそれこそ糸電話でも伝書鳩でも何でも使えばいい、そんな中に「デジタル」や「ネット」があるのだと考えています。公共メディアを存続させるのであれば、ネットへの進出は当然やらなければならない。「どんな人に対しても良質の情報を等しく届けられる」という環境を創ることがいちばん大事で、それを実行するのが公共メディアの役割であり、そのためにはいまの時代、ネットを使うしかない」

「「公共を維持する」というのは一つのメディアを維持することではない」

ではＮＨＫの解体だけでなく、なぜ共同通信の解体も同時に必要なのか。

「ＮＨＫは公共放送ですが、押しなべてすべてのメディアが公共性を持っています。「公共を維持する」というのは、一つのメディアを維持するということではなく、複数のメディアを維持することではないか。なぜなら、一つのメディアですべての「公共」をカバーするのは無理なので、「複数のメディアで公共をカバーする」という考え方に変えていかなければいけない。そうであれば、いま、疲弊している多くのメディアにＮＨＫが持っている情報や資産を提供し、支援することで、全体としての公共性を保てるのではないか」

「公共性」についての新たな考え方がありうると熊田は力説する。

「ただ、ＮＨＫが単体でそれをやると、「ＮＨＫ経由の情報に操られてしまわないか」「ＮＨＫの手足として使われてしまうのではないか」という懸念を抱くメディアもあるでしょう。さらに地方メディアを取材や制作の面でも支援するとなると、共同通信の本来業務とぶつかってしまう。そうであれば、もともと全国のメディアとつながっている共同通信とともに解体・再編した新たなメディアを立ち上げて運営していくのは大きなメリットがある。そんな新しい姿を、理想論としてではなく、現実的に考えていくべき時に来ているとまじめに思っています」

そしていまの受信料に代わる新たな「公共メディア費(仮称)」といったコンセプトや新たな人事プランも紹介しながら構想の現実化を前に進めたいと希望を語る。

「だからこそ、共同通信もＮＨＫと一緒に解体・再編した上で一体化し、新しい公共メディアを創っていけばいいのではないか。そして例えば受信料に代わる「公共メディア費(仮称)」といったものを作り、このお金については新団体と接続する地方メディアのエコシステムを良くしていくためにも使うという条件をつける。そして各メディアの代表が新団体に理事として入るというところまで事態を進めていってもいいのではないか。そこまでいけば、他のメディアの「ＮＨＫに支配されるんじゃないか」という不安感も拭えるように思います」

この熊田の斬新なアイデアが、ＮＨＫの内部を含めて広く受け入れられていくか、議論の対象として取り上げられていくかどうかを今後見守っていきたい。

3　巨大プラットフォーマーといかに向き合うか

米グーグルを反トラスト法違反容疑で提訴した米司法省

ここからはビジネスの観点から課題や問題点を析出する「デジタルビジネス」のレイヤーに光をあてて考えてみよう。

米司法省は二〇二三年一月二四日、米グーグルが、デジタル広告の売買を手がける主要な技術を独占した上で、過去一五年間にわたって競合企業を排除し、デジタル広告市場での支配力を利用する形でウェブサイト運営者と広告主に対して自社製品を使うよう強要するなどの行為を行ってきたと指摘。その上で、そうした「反競争的な行為」がデジタル広告市場をゆがめたとして、同社を反トラスト法

（独占禁止法）違反の疑いで提訴するとともに、広告管理プラットフォームの売却を同社に命じるよう求めた。米司法省によるグーグルの提訴は今回が二回目だが、米バイデン政権下でのグーグルの提訴は初めて。同省はグーグルの本社があるカリフォルニア州など八州と共にバージニア州の連邦地裁に提訴した。

グーグルにおける広告事業の事実上の解体を求めたともいわれる米司法省の極めて厳しい姿勢に対し、グーグル側は「長年のイノベーション（変革）を逆行させる」などとして強く反発しているが、裁判の今後の展開によってはグーグルの基幹ビジネスである広告事業が大きな影響を受ける展開もありうるだろう。なぜなら、グーグルの事業慣行によって「技術革新が必要不可欠な市場では何よりも重要な創造性が阻害され続けてきた」とする米政府は今後もＧＡＦＡなどに対する厳しい姿勢を変えることはないとみられるからだ。

ビッグテックへの厳しい風当たりはヨーロッパが先行している。ＥＵ司法裁判所は二〇二二年九月一四日、グーグルが携帯端末向けの自社アプリの使用を取引先に強要したとして、ＥＵの行政を担う欧州委員会が四三億四〇〇〇万ユーロの制裁金を科していた問題で、グーグルの異議申し立てを退ける判断をしたと朝日新聞などが一斉に報じた[12]。欧州委の決定を「ほぼ支持できる」とした上で、制裁金はわずかに減額した結果、四一億二五〇〇万ユーロ（約五九〇〇億円）になったという。

「メディアエコシステムの未来をいかに健全なものに創り替えていくか」を構想する時、メディアや国家がＰＦとどのように向き合い、新たな関係性を構築していくのかという問題が大きな論点として浮上している。また民主主義をバージョンアップしていくための情報環境を整備・構築していくためにも、ＰＦがはたすことのできる役割には大きなものがあるからだ。

他方、ニュースコンテンツの使用料をめぐるメディアとＰＦの攻防は新たなフェーズを迎えつつある。第５章で述べたように、例えば二〇二一年三月には、ニュースコンテンツ使用料の支払いに関し、ニュースメディア事業者とデジタルプラットフォーム事業者間の交渉力の不均衡を解消するための義務的交渉規範を定めた法律がオーストラリアで成立した。時に衝突することも少なくないＰＦとメディアだが、見方を変えれば両者はともに健全なメディアエコシステムを創っていくための重要なアクターであり、戦略的パートナーにもなりうる存在でもあって、そんな柔軟な認識を持ちながら新たな関係性を構築すべき時に来ているといえるだろう。

ＰＦに代わる新たな存在が現れてくるにはまだ相当の時間が必要だとみられている以上、私たちは当分の間、様々なフェーズで現行のＰＦと向き合っていかなければならないのだ。

また、国際的なビジネスを展開しているＰＦに対してメディアが議論をしていく際には一社単独では難しく、また一省庁や一国単位でも厳しいという側面があるという要素も踏まえ、複数のメディアが国をまたいで何らかの国際的な枠組みを新たに創設した上で、「プラットフォームの民主化」に向けた改革をＰＦと一緒に進めていく具体的な手法や仕組みに関してもこれから議論をしていく必要があるだろう。

いずれにせよ、「持続可能な開発目標（ＳＤＧｓ）」の理念が国際的に広まり、これまで以上に倫理的な行動が企業に求められる時代にあって、ＰＦで働く一人ひとりの社員も「アメリカ本社の指示と承認がなければ何もできない」などと社内事情を言い訳に逃げ腰になることをやめて（なぜなら日本からの緊急提案といった形でアメリカ本社の中枢部に問題提起していくこともできるからだ)、「自分たちは他のメディアなどとともに健全なメディアエコシステムを形成し、民主主義を前に進めていく責任を負った一員なのだ」という認識を持つべき時が来ているのではないか。

ヘテロジニアスな要素を集めて、カオス構造をつくりだす森

筆者がイメージする「理想的なメディアエコシステム」のイメージとは何か。それは例えば博物学の巨星南方熊楠が探索した熊野の森について、思想家で人類学者の中沢新一が描いた次のような文章から髣髴《ほうふつ》されるようなものだ。

「原生林の自然は、じつに複雑で、柔軟な構造をもっている。ここには、単一のもの、単層の構造、単純なフォルムが、いっさい存在しない。(中略)どの植物の隣にも、たいていは異種の植物が生えている。そのために、原生林の中の、植物の「コミュニケーション」は、きわめて複雑なやり方でおこなわれることになる。同じ種類のものは遠く離れて、おたがいの存在を感知している。そしてそれとは別のレベルで、それぞれの植物は、異種のものとの存在の「ダイアローグ」をおこない、この結果は、森全体の秩序の調整のため、重要な情報をあたえることになる。つまり、ヘテロジニアスな(注：異種の)要素が寄り集まって、みごとなカオス構造をつくりだしている」[13]

例えば一〇〇年後の理想的なメディアエコシステムを思い描こうとする時、実在する自然の「複雑で、柔軟な構造」や「ヘテロジニアスな要素が寄り集まって、みごとなカオス構造をつくりだしている」という森をめぐる指摘から学ぶ点は大きい。複雑だが硬直しないエコシステムを創り出すために

必要な要素は何か、異質な他者や異質な要素がどれだけ集まってもそれぞれが他を排除しないカオス構造を設計するにあたって心がけるべきポイントは何なのかなどについて様々な考えが広がっていくからだ。

かんたんにはわかりえない「他者」と同じメディアエコシステムの中で共存していく際に必要な準備の一つは、どんな相手でも一度は「ダイアローグ(対話)を試みる心構えをしておく」ということではないか。ことばの定義すら必ずしも同じではない相手との対話はもちろん容易ではないだろうが、私がイメージするのは例えば思想家エドワード・サイードと音楽家ダニエル・バレンボイムの対話だ。

エルサレム生まれのカイロ育ちで、ニューヨークに住んで優れた批評活動を死の直前まで行っていたパレスチナ人のサイード。そしてユダヤ人としてブエノスアイレスに生まれ、イスラエル国籍で、ロンドンやパリ、シカゴ、ベルリンを中心に活躍した指揮者・ピアニストのバレンボイム。互いに相容れない岩盤の問題を抱えながらも、音楽や文学、社会などをめぐって長年にわたって二人が交わした友情あふれる知的対話は『バレンボイム/サイード　音楽と社会』(アラ・グゼリミアン編(中野真紀子訳)みすず書房、二〇〇四年)で読むことができる。原題は『Parallels and Paradoxes』。サイードは「わたしたちはあらゆる種類の関心事を共有する親しい友人として(中略)、二人いっしょに、自分たちの人生の相似したところ(parallel)と相反したところ(paradox)を探求していたのである」という文章を同書に寄せている。

話を森に戻せば、中沢は森の動的な特徴にも言及している。

「森は「流れ」をも体験させてくれる。森はいっときも静止していない。どこかの微小部分では、たえまなくカタストロフィー的な変化がおこり、それはまわりに波及したり、調節作用によって、波及にストップがかけられることもあるが、全体として見たときの森は、たえず変化し、たえずなにかをつくりだしている。森は多様であるとともに、その多様をつくりだしている「創造的な流れ」を潜在させていることが、直観される(14)」

排他的言論空間とは真逆の、単一の構造に収斂《しゅうれん》することのない「複数性」がもつ多様性を受容しながら、よどみない流れの中で一定のバランスが取れた「動的平衡」によってたえず全体が活性化しているようなメディアエコシステム、そんな情報生態系がある種の理想形であり目指すべき方向性ではないか。筆者はそう考えている。

極小化する言論空間と「ハプティクス」

インターネット自体の技術的発展については、「分散型台帳技術」といわれるブロックチェーンや、「巨大IT企業（ビッグテック）の支配から個人が解放されたインフラ」ともいわれるWeb3がバラ色の未来をもたらすと説く者もいる。だが、私自身は中央大学教授の岡嶋裕史が指摘する次のような意見に賛同する一人だ。「Web3の「非中央集権的なプラットフォーム」という思想は広まっていくだろう。しかし、その実装技術としてのブロックチェーンはどこかで骨抜きにされるだろうし、別の技術によって編み上げられた完成形のWeb3も、非中央集権という言葉が示すものは本来の意味での非中央集権ではなく、「旧勢力から力を奪った、別の寡占企業が力を統べる場」になるだろう(15)」。理想論は容易には現実化しないということだ。

人々が日常的に使う情報デバイスについても一言触れておこう。朝から晩までスマートフォンをいじっていないと落ち着かない「スマホ依存症」の人々が増える中にあって、情報デバイスの形状自体は技術の進歩によって今後さらに変わっていくことが予想されている。電波を使ってスマホやIoT(Internet of Things)デバイスなどを充電する無線給電が今後主流になっていけば、必然的にスマホの大きさは小さくなっていき、あるいはディスプレイが不要になるか、さらには超小型化して人体の健康を害さない場所にチップを埋め込むタイプや究極的には脳波で操作するタイプのものに変わる可能性も浮上している。

そんな中、ギズモード・ジャパンは二〇二三年一一月、キーボードもディスプレイもないスマホに代わる次世代端末の「Humane AI Pin」が発表されたと伝えた。AIを活用したバッジのような小さな端末で、コンピューターパーツとバッテリーパーツの二つからできていて、装着する際はこの二つのパーツで衣類を挟むのだという。手をかざすと、AI Pin に内蔵されている超ミニプロジェクターが情報を手に映し出す趣向で、手を傾けたり指を動かしたりするジェスチャーで画面切り替えの操作ができるとしている。

持ち歩くタイプの情報デバイスの形状は現行のものから大きく変わるかもしれないが、それでもユーザーがそうした変化に順応していけば、あるいは日常的なコミュニケーションのレベルでは特段の支障がないということになるのかもしれない。とはいえ、ディスプレイ自体が仮に消滅する事態が招来すれば、メディアエコシステムの中で自分の考えや思想などを伝える「言論空間」はその時どうなっていくのか。

もちろん書籍などの紙媒体は今後も残っていくだろう。ただ日常的なコミュニケーションツールとして自らの考えを書きことばで表明しようとする際には情報デバイス上でも一定の表示空間の確保が必要とみられることから、その空間が極小化したりゼロになったりした「Non-verbal（非言語的）な空間」では思考する時間自体が減っていくとともに、他者との出会いを通して新鮮な発見に至るセレンディピティのような機会も立ち消え、「新しい言論空間」はいまよりさらに貧しいものになるか消滅の方向に向かっていく恐れはないか。

さらにデバイスを通じて力や振動などを伝える「ハプティクス（haptics、触覚技術）」が高度化して、視覚や聴覚だけでは表現できない新たなインターフェイスを利用者に与えることになっていくとすれば、人類は「Non-verbal な世界」にさらに深く組み込まれてそこに新たな可能性が広がるというポジティブな面が出てくると同時に、「自分のアタマでじっくり考える」ための力がいま以上に衰えていくのを加速させることにあるいはつながっていくのかもしれない。

他方、憲法学には「思想の自由市場」という考え方がある。個人が持つ多様な意見を発表したりそれを批判したりする自由な「場」が社会にはあるとした上でその「場」を「思想の自由市場」と呼び、そこでは仮に悪質な言論や有害な思想が現れたとしても対抗言論による反論や批判によってやがて淘汰されて良質なものや優れたものが残っていくため国家は極力そこに介入してはならないという考え方だ。

だが、ＰＦがデジタル空間のゲートキーパー役として「君臨」する中、ＳＮＳ上には偽情報やヘイト言説があふれている上にネット空間特有のエコーチェンバー現象などが複合的に絡み合って言論空間はすでに十分ゆがめられている。この点でも一〇〇年後の未来に向けた明るい展望を描くことができないが、デジタル空間の相当部分がAIによるアルゴリズムによって支配されていることに加えて、仮に「ディスプレイ不要」の新たな情報デバイスがいまのスマホに代わって人々の間に広く普及していくとしたら、思想の自由市場も危機の度合がよりいっそう増していくとともに抜本的な再設計を余儀なくされることになるだろう。

さらにこれに関連する事項として、一国の国政選挙や国民投票などに外国政府や外国勢力がSNSなどを通じて干渉してくるリスクが高まっているという問題がある。二〇一六年のアメリカ大統領選などですでに明らかになっているが、こうした干渉や関与は選挙結果の信頼性を毀損するだけでなく民主主義自体への不信感を高めることにもつながるため、欧米では司法当局や議会などが真剣な取り組みをすでに始めている。

日本でも例えば今後実施されるかもしれない国民投票をめぐり、外国勢力が特定の明確な意図を持った上でAIとアルゴリズムを駆使してSNS上に偽情報を大量に拡散させ、自分たちの望む方向に選挙結果を操作していこうと画策する事態が起こることも想定の範囲内とみられている。こうした観点から「まっとうなメディアエコシステムを守る」ための施策を具体的に検討していくこともまた今後必要になってくるだろう。

「オウンドメディア」と報道部門もある不動産会社

メディアエコシステムのあり方を考える上ではさらに別の動きにも注目しておきたい。それは企業や自治体、政党などがメディアを通さず、自分たちで情報を直接発信するメディアを持つこと、すなわち「オウンドメディア」をめぐる動きだ。

トヨタ自動車は二〇二三年一月、佐藤恒治執行役員が次期社長に昇格し、豊田章男社長は会長に就くという自社の電撃的なトップ人事を、「トヨタイムズ」というオウンドメディアを使って社会に伝えた。二〇一九年から始まったこのトヨタイムズでは「メディアを媒介しない新たな企業ニュースのあり方」とのコンセプトのもと、新たなスタイルの情報発信を続けている。

ＳＮＳがさかんな「一億総発信者時代」にあって、こうしたオウンドメディアの出現が問いかけているのは「メディアが存在する意義はどこにあるのか？」という根本的な問題だ。日頃からメディアを通して情報発信をすることに不満を持っていた企業などにとっては、自ら発信できる場と機能を自社内に持つことには株主や顧客を始めとする様々なステークホルダーとの直接的な接点を新たに見いだすことができるなどのメリットがあるだろう。他方、オウンドメディアをめぐる動きは全体として必ずしもうまくいっていないケースも散見されるが、有力企業や自治体、政党などがこれまで以上に自ら情報発信を進める動きを拡大させていき、そしてその変化に人々がさほどの関心を払わないということになっていけば、新聞やテレビなど既存メディアの存在感は今後さらに希薄化していき、現実に公共メディアとしての役割を終えるメディアが現れてくることも想定の範囲に入ってくるだろう。

現に、かつてのように全国津々浦々や世界の主要都市にあまねく記者を貼り付ける形で展開していた全国紙は急速にその形を変えつつある。地方の支局や通信局は次々に閉鎖や他支局との統合を余儀なくされてきたが、それでも経営環境の悪化を食い止めるめどは立っておらず、こうした傾向と流れが加速すれば、実態として「公共メディア」の役割をはたせなくなってジャーナリズムの世界から消えていく新聞社なども今後現れてくることになるだろう。

その際、新聞社やテレビ局がこれまで一定程度はたしてきた権力監視機能をどのような形で外部化して残していけるかという問題がいま新たに浮上している。

他方、報道以外のセクションからの収入によって企業体を存続させようとするメディアが今後増加し、情報生態系の中で「一つの島＝集合体」を形成していくことも十分予想される。いわば「報道部門もある不動産会社」や「報道部門もあるイベント会社」のイメージだ。

仮に報道部門が展開するニュースが人々の「信頼」を得てブランド化を図れるようなレベルを維持できていれば、それはそれで「新たなメディア産業のあり方」として十分肯定できるだろう。メディアが生き残っていくために稼げる選択肢を複数持つことは何ら問題がないからだ。

とはいえ、その際も課題はそのメディアが「信頼」を確保できているかどうかにかかっている。「エンゲージメント」につながる「信頼性の基準」をクリアして合格点をもらうためのハードルが極めて高いことはここで改めて繰り返すまでもないだろう。

他方、人々の「信頼」を勝ち得た既存のメディアと、地方で存在感を発揮している地方のメディア、さらには「調査報道の新しいエコシステム」をつくるというミッションを掲げる「スローニュース」などがゆるやかに連携して「報道を深めていく」動きを加速していけば、「メディアエコシステム」にも新たな光景が見えてくることだろう。

森を思い浮かべて深呼吸をする

一〇〇年後、さらにはその先に理想的な情報生態系を創るためにいますべきことは何か。いくつもの課題を前に、焦る気持ちをいったん抑えて、まずはその前に深い緑に覆われた森林の豊かな空間を思い浮かべながらもう一度ゆっくり深呼吸をしてみよう。

中沢新一は森の限りない魅力を次のように描いている(16)。

「森は、その中に踏み込んだ人間に、容易に観察者の立場に立つことを、許さない。森の全体像を観察しようと思ったら、小高い山にでも登り、木々の高さをこえでて、あたり一面を眺望できる場所に立つことをしなければならないだろう。観察者は、こうして、森の全体像を手に入れることができる。ここから彼は、森の一般理論などを、考えだすかもしれない。しかし、そのとき、もはや森の中にいない観察者は、小さな谷の襞や、山の上からは見分けることもできないほどちっぽけな小川の中でおこっている、不思議にみちた生命の世界を知ることができなくなっている。彼は、ますます一般理論にむかっていくだろう。だが、生命の真実は、鳥瞰する者にはけっして見ることのできない、微細な襞や湾曲部の中に、隠されていってしまう」

つまり、森が日々繰り広げている「小宇宙」の核心に迫ろうとすれば、森の中に深く分け入っていくしかないが、森の奥に入れば入るほど、森のトータルな姿は観察者の目には見えなくなってしまう。そこで観察者は高い場所に登って全体を見渡そうとするが、今度は森の奥深くで交わされている様々な動植物同士の繊細な呼応関係を感知することが難しくなっていく。そんなパラドックスを解決する術は、観察者には容易には見つからない。

「そこで、彼はふたたび山を降りて、森に入っていくことに決める。おびただしい木々が彼を覆う。前方の見通しさえ、なかなか開かれてこない。道はまがりくねり、突然水しぶきをあげる滝が、眼前に出現する。動物が、木々の陰から、こちらをうかがっている気配がする。さて、この森の中で、どこから観察をはじめるか。森の中からでは、鳥瞰はできない。したがって、森の全体を、ひとつの像としてとらえることは、放棄しなければならない。それに、彼が動けば、動物はかすかな足音を立てて去り、足の下では、未知の植物が、彼によって踏みしだかれていく。ここでは、観察者は自分もまた、森の一員として、その大きな全体の中に、深く巻き込まれてしまっていることに、気づかざるを得なくなるのだ」

「鳥の目」を持つことをあきらめ、「虫の目」で世界をとらえ直そうとした「彼」はどうなっていくのか。中沢はこう続ける。

「そのときである。彼の中になにかの決定的な変化がおこるのだ。観察の行為が、彼の中で意味を変化させていく。彼は森を内側から生き、呼吸するようになる。彼は周囲にひろがる生命の世界を、自分から分離してしまうことができないことを、知るようになる。ほの暗い森の奥にどんな世界が秘められているのか、彼には知ることもできないが、その闇の中に隠されてあるものもまた森であり、彼自身もまた森の一部なのだから、それはもはや分離された外部などではなく、森の奥に隠されたものと彼の生命は、いまやひとつながりになっていることが、深く自覚されるようになる。このとき、森は自分の本質を、観察者の立場を放棄した彼の前に、おもむろに開くのだ」

森と観察者の関係を生き生きととらえたこれらの文章から改めて類推的に学べることは、私たちは「森＝メディアエコシステム」の傍観者的な観察者ではなくその一部であり、その情報生態系と私たちの存在はひとつながりになっているということだ。私たちが何かアクションを起こせば、それは森に確実に伝わり、たとえどれだけ小さなことであろうと何らかの変化をもたらす。その変化が必ずしも良いことばかりとは限らないかもしれない。しかしそのことを恐れるあまり傍観者で居続ければ、自分もその一員である新たな情報生態系を内側から変えていくことはできない。

問われているのは、森の構成員である一人ひとりが、初めの一歩を踏み出すかどうかだ。

「主権者意識」と「デジタル主権」を取り戻そう

「メディアエコシステムの未来像をどう構想すべきか」を念頭に、これまで様々なレイヤーやフェーズにまたがるいくつもの問題や課題をみてきた。改めて振り返っておけば、最も大事なのは、まずは第一当事者であるメディア自身が新たな報道形態などを含む大胆な組織改革や意識改革を行い、「市民の側に立つ・市民のための公共メディア」として生まれ変わることだ。

その上で、未来に向けて、「未来の他者」をも巻き込みながら「市民のためのメディアエコシステム」を創っていくためには、一人ひとりの市民が新たな情報生態系に対して参加意識や当事者意識を持つことがやはり欠かせないだろう。そうしたことを踏まえた上で市民にできることは何か。

第一は、ＳＮＳにのめり込むあまり、巨大ＰＦに個人情報を収奪され放題だったにもかかわらず何らの疑問も警戒心も持たなかったそれまでの自分のありようを反省しつつ、「自分は単なる消費者ではなく、一人の主権者なのだ」という主権者意識と、第5章でも述べたような「「デジタル主権」を自分の手元に取り戻す」という問題意識や目標を持つことではないか。もちろんいきなりは難しいだろうが、「そんな自分にバージョンアップしてみること」を想像するところから始めてみるのもいいかもしれない。

この点に関連して、やはり第5章で言及した東京大学准教授の斎藤幸平は社会学者大澤真幸との対談の中で、もともとはGAFAなどを招いて「スマートシティ」化を目指していたバルセロナ市が二〇一五年、「バルセロナ・イン・コモン」という地域政党のアダ・クラウという女性が市長になってからは「どちらかというと台湾のオードリー・タンのような実践で、人々が参与し民主的にコントロールできる形でのデジタル化を進めていかなければいけないという方向に切り替えた」ことを指摘。その上で、「個人情報についても、その目的に応じてどこまで利用してよいかというしっかりしたコンセンサスを与える」という意味での「データ主権の概念を軸にしたデジタル・プラットフォーム化を私たちは考えるべきだし、そういう試みがバルセロナを中心にヨーロッパなどですでに登場している」と述べている(17)。

台湾のオードリー・タンが主導した住民参加型の行政プラットフォーム(「Join」)創設については第8章でも言及したが、新たに目覚めた一人ひとりの「シン・市民」は「市民のためのメディアエコシステム」を創造していくという点からも市民と行政をつなぐこうしたデジタル上の取り組みに関して積極的に参画していき、未来の社会を切り開いていくことだろう。

加えて、健全なメディアエコシステムを動的に創っていく一人のアクターとして、「メディアを厳しく監視するとともにメディアを育てていく」という感覚を持つことも大切だ。「メディア不信」を呪詛のことばのように言い募って自己満足するのではなく、主体的でアクティブな「変革者」の一人になる感覚を持って、自分が応援できるメディアを積極的に見つけてみるなど最初の一歩を踏み出してみること。いまの私たちに必要なのはそんな「勇気」ではないだろうか？

また「信頼できる」と判断できたメディアなどに出会った時は、余裕があれば実際に課金に応じてみることも健全なメディアエコシステムを主体的に創っていくためのアクションとしては重要だ。そのためにも第8章で述べたように、メディアのニュースの取り上げ方や報道の仕方、時には「メディアが報じないこと」に疑問や不信を感じた時は、面倒がらずにその場でメディアに疑問や質問をネットなどで投げかけてみるのも大事なことだ。主権者にはそうするだけの「知る権利」があるからだ。

「真に肯定的なものをラディカルに創る」

市民にできることはほかにもある。「何がほんとうに信頼できる情報か」を見極めるための「情報リテラシー」の力をつけたり、偽情報やニセ動画を払いのけて「信頼できる情報の通り道」を切り開くためのファクトチェックを行ったりすることも重要だ。こうした「デジタルシティズンシップ(Digital Citizenship)」を身に着けるための取り組みはすでに先行的にいろいろ行われているため、「信頼できる」と自分が思えるサイトを探してそこから学んでいこう。

メディアエコシステムに紛れ込んでいる大量の偽のニュースを見抜くためには「歴史と対話し、歴史から学ぶ」という作業も極めて大切だ。なぜなら「我々は後ずさりしながら未来に入っていく」(フランスの詩人ポール・ヴァレリー)生き物でもあるからだ。

世界の人々は「ニュースはどこかいかがわしいものと見なしている」が、同時に「信頼できる情報源としてのニュースは必要だ」とも感じている。この二律背反の感覚は、あるいは一〇〇年後も少しも変わっていないかもしれない。だがメディアの情報生態系を生き生きとしたものに創り替えていくためにやるべき取り組みはアクターごとにいろいろある。

最初から改革をあきらめてしまう姿勢や、問題の原因を責任転嫁し誰かを批判して終わりにするようなやり方を改め、一〇〇年後の未来を思い描きながら「自分が良いと信じたこと」を前に進めるために行動を(たとえそれがどんなささやかなものであったとしても)始めてみよう。

社会学者の見田宗介は最後の著書『現代社会はどこに向かうか――高原の見晴らしを切り開くこと』の中で、次のように述べた[18]。

「新しい世界を創造する時のわれわれの実践的な公準は、次の三つであるように思われる。第一にpositive。肯定的であるということ。第二にdiverse。多様であること。第三にconsummatory。現在を楽しむ、ということ。肯定的であるということは、現在あるものを肯定する、ということではない。現在無いもの、真に肯定的なものを、ラディカルに、積極的に、つくりだしてゆく、ということである。その中で桎梏となるもの、妨害となるもの、制約となるものがあれば、権力であれ、システムであれ、この真に肯定的なものをこそ力とし、根拠地として、打破し、のりこえてゆくということである」

「市民の側に立つ・市民のための公共メディア」を一〇〇%実現しているようなメディアはまだ存

在してはいない。それでもそれをあきらめないことに加えて、いまは見えない理想的なメディアエコシステムを「真に肯定的なもの」として、ラディカルに、積極的に創り出していけるか。その過程で出会う様々な桎梏や妨害、制約、壁などを乗り越えていくことができるか。すべてはその第一歩を私たち一人ひとりが当事者として踏み出すかどうかにかかっているといえるだろう。

（1）Paul Romer "Taxing Digital Advertising" May 17, 2021　https://adtax.paulromer.net/
（2）https://www.nytimes.com/2019/10/17/opinion/tech-monopoly-democracy-journalism.html
（3）YOCHAI BENKLER, ROBERT FARIS AND HAL ROBERTS『Network Propaganda—Manipulation, Disinformation, and Radicalization in American Politics』OXFORD UNIVERSITY PRESS.
（4）「杜人　環境再生医　矢野智徳の挑戦　THE GUIDEBOOK of MORIBITO—A Doctor of the Earth」(発行：Lingkaran FILMS)。映画は「杜人　環境再生医　矢野智徳の挑戦」　https://lingkaranfilms.com/
（5）「暴走する「受信料ビジネス」　NHKの正体」『週刊東洋経済』二〇二三年一月二八日号。
（6）小林恭子「「受信料制度は不公平な税金だ」制度見直しで揺れるBBCの行方」『週刊東洋経済』二〇二三年一月二八日号。
（7）松本一弥「英政府が「有害情報」流す企業に罰金科す提案」『論座』二〇一九年五月二一日。
（8）小林恭子「BBCの一〇〇年、貫く公益――多メディア空間における意義」月刊『Journalism』二〇二二年一二月号、朝日新聞社。
（9）大森淳郎・NHK放送文化研究所『ラジオと戦争　放送人たちの「報国」』NHK出版、二〇二三年、一〇頁。
（10）辻田真佐憲『大本営発表――改竄・隠蔽・捏造の太平洋戦争』幻冬舎新書、二〇一六年、二六一頁。
（11）『週刊東洋経済』二〇二三年一月二八日号、一六頁。
（12）朝日新聞二〇二二年九月一四日。
（13）中沢新一『森のバロック』講談社学術文庫、二〇〇六年、四〇～四一頁。
（14）同、四二頁。

（15）岡嶋裕史『Ｗｅｂ３とは何か――ＮＦＴ、ブロックチェーン、メタバース』光文社新書、二〇二二年、三七九頁。
（16）中沢、同、三一六〜三一七頁。
（17）斎藤幸平×大澤真幸「脱成長コミュニズムは可能か？（後編）」 https://nhkbook-hiraku.com/n/n807f12560491
（18）見田宗介『現代社会はどこに向かうか――高原の見晴らしを切り開くこと』岩波新書、二〇一八年、一五三頁。

補論

荒野に叫ぶ預言者、成長主義に依存しない未来像

——見田宗介が語るジャーナリズムとは

「過去から現在、未来にいたる見晴らしや方向感覚を持って問題提起せよ」

最後に、日本を代表する社会学者として領域横断的な仕事を展開してこられ、『気流の鳴る音』や『まなざしの地獄』、『宮沢賢治　存在の祭りの中へ』など多くの優れた本を出され、二〇二二年四月に八四歳で亡くなった見田宗介が二〇一三年に語ったジャーナリズム論を紹介したいと思います。朝日新聞が発行していたジャーナリズムの専門誌である月刊『Journalism』の編集長をしていた私自身がインタビューを行って二〇一三年六月号の同誌に掲載したものです。ジャーナリズムのあるべき姿を見田が語るということ自体が珍しい上に、内容もいまのジャーナリズムやメディアが直面している問題や課題の核心を衝いていてメディア関係者以外の方々にも参考になる部分があると思われるため、朝日が同誌を二〇二三年三月号で休刊したこともあり、少し長くなりますが以下にその主要な部分を収録することにしました。

――三・一一以後のジャーナリズムはどうあるべきか、考えをお聞かせください。

見田　ジャーナリズムについては門外漢でしろうとですが、外部の人間として、ジャーナリズムへの希望みたいなことを三つ申し上げたいと思います。(中略)歴史家のE・H・カーが「歴史は、現在と過去との対話である」といっていますね。カーはそのことを歴史家の側からいったわけですが、ジャーナリズムの仕事も「歴史との絶えざる対話」を通していろいろなものを過去から汲み上げるということがある。ジャーナリズムの生命《いのち》は事実にあるわけですが、歴史というのは実は、事実の宝庫でもある。だからこそジャーナリストが絶えず歴史と対話をすることで現在の意味が新たに見えてくる。「過去と絶えざる対話をするのがジャーナリズムだ」というのが、申し上げたい第一点です。

二番目はそれと正反対になりますが、「未来との対話」ということです。ただそれを抽象的にいいたいのではなく、そこに非常に切実で困難な問題があるということを申し上げたい。

七二年にローマ・クラブが「成長の限界」を発表しました。いま見ると、細かい数字がずれているということもありますが、いずれにせよこのまま経済成長を何十年か続けていけば、資源の面からみても、環境の面からみても、二一世紀の間に地球が限界に達して破綻をきたすということはほとんど常識になっています。

にもかかわらず、あらゆる政党は「成長、成長」と唱えていて、ある意味では原発の問題も「経済成長」という争点の前に消えてしまう。それぐらい経済成長に対しては切実な要求が国民の側にはある。ただ、そうはいってもやがていつかは成長の限界が来るわけですから、「持続することの可能な幸福の形態」というもの、幸福な社会のイメージを早く見つけ出して社会を転換させないと、すべては破綻する。それは未来の話としては誰でも納得する話です。

2013年2月，撮影＝吉永考宏

——単純でありながら解決が難しい問題ですね。

見田　例えば、三・一一の直後から数カ月の間は、原発に批判的な世論が増えました。ところが二年ほどたって、「再稼働賛成」の意見がだんだん出てきた。その主な理由を聞いてみると、「電気料金が高くなって日本の企業がもたないから」などという。原発を再稼働することに賛成の意見の根拠となっているのは結局、ほとんどが「景気と経済成長のために必要なんだ」という理屈です。そういう意識の中に、原発問題が徐々に塗り込められてしまいつつあるのが現在ではないか。(中略)「原発再稼働に賛成か反対か」というだけでなく、直面する現在の問題を、長期的な未来との関係で考えて判断する、あるいは過去の歴史から教訓を学んだうえで判断することが必要です。そのためにもジャーナリズムがしっかりとした問題提起を国民に向かってしなければいけない。そうでなければ問題自体が埋もれたり、非常に短絡的なことだけで物事が判断されてしまうことになる。過去から現在、そして未来にいたる見晴らしや方向感覚を持って、ジャーナリズムがしっかり問題を提起していかないと、この国は危ない方向に行くのではないでしょうか。

――そもそも、私たちはなぜ成長主義から抜け出せないのでしょう。

見田　僕の考え方でいうと、人類という種がたどるS字の曲線みたいなもの(ロジスティクス曲線)があるんです。第一局面は、文明以前の段階です。第二局面は、古代ギリシャ文明とかキリスト教とか仏教が生まれた時代から現代ぐらいまでで、人類史的な高度成長期ですね。それがだいたい限界に達しつつある。

現代は、その第二局面から次の第三局面への過渡期にあります。でも、この過渡期のカーブを上がるのがとても大変なんですね。経済構造や社会構造、さらには精神構造までが成長主義にとらわれていますから。私たちが生きているのは「成長が止まったら倒れてしまう」とみんなが考えているような、自転車操業的な社会です。下手をすると、技術の未熟なレーサーみたいに壁に激突しかねない。だからどこかで方向を変えなければいけない。

その意味でも、「未来をはっきり見据えた上で現在をとらえる」ということが、ジャーナリズムにとって非常に大事になってくる。破綻が来る前に軟着陸する方法を考えることが必要だというのが二番目の点です。

少数派の良心的なジャーナリズムが陥りがちな罠がある

三番目は、そうはいっても今、成長主義を批判しても社会からはほとんど受け入れられない、そんな中、成長至上主義を批判するジャーナリストやメディアもあることはある。ただそれは非常に少数派です。その少数派の良心的なジャーナリズムが陥りがちな罠《わな》があるということをいいたい。

——具体的にはどういうことですか？

見田　聖書には「荒野に叫ぶ預言者」ということばがあります。時代に逆らって正しいことをいう人のことですね。もちろんその人のいっていることは正しいのですが、ただ正しいことをいうだけでは社会からは受け入れられない。そんな荒野に叫ぶ預言者のようなタイプになることが、少数派の良心的なジャーナリズムが陥りがちな誤りではないか。例えばこの前の戦争もそうでしたが、「あの時、俺がただ一人いっていたことはやっぱり正しかった」といってもそれは自己満足にすぎない。実際に今、時代を変える力がなければ、何十年後かに「あの新聞社だけは間違わなかった」といわれても仕方がない。やっぱり時代を変える力を持たないとほんとうは意味がない。

――耳の痛い指摘ですね。

見田　そこで思い出すのは、「最も優れたリーダーは、フォロワーである」ということ。フォロワー、つまり従う人ですね。リーダーとフォロワーは英語でいうと正反対のことばですが、「リードのコツは、フォローである」ということが大事なんです。

――どういうことでしょう。

見田　例えば身体論でいうと、息が上がっている人の呼吸を整えさせなければいけない時、リーダーというか、相手に働きかける人は、まず自分の呼吸を短くして相手に合わせるんです。そして相手と息が合った時に、少しずつ相手と一緒に息を長くしていく。そうしないと、「ゆっくり息をしろ」なんてことばだけでいってもだめなんです。だから相手とまずは呼吸を合わせて、そこから相手の息をだんだん長くしていく。

相手と呼吸を合わせるためには、相手に共感しないとだめで、それはつまり「相手の内側から入っていく」ということです。つまり「未来をしっかり持つ」ということは大事なんだけど、同時にそれはやはり、現在の内側から出発しないと時代を変える力にはならない。

一番目に申し上げた「過去との対話」、二番目の「未来との対話」ということの流れでいうと、三番目にいいたいのは「現在との対話」です。今は情報化社会で、インターネットやツイッターなどのソーシャルメディアとかいうものは、基本的に非常に優れた面があります。

これまでほとんど社会の表面には出てこなかった、まさに「つぶやき」ですね、そういうものが無数に現れている。ただ無数に出すぎるからかえって埋もれてしまったりするんだけど、そこには「内側から現在を変えていく力」みたいなものの芽が必ずあると思うのです。

そういった無数のつぶやきや断片的な事実の中から何かを素早くすくい取って，そのつぶやきが内側に秘めている可能性を取材で展開し，ほかのつぶやきなどとも連合しながら社会に定着させるのが優れたジャーナリストではないか。そういうことをやっていかないと，頭ごなしに未来を語っても仕方がないわけです。

ゴッホの絵とジャーナリズムの共通点とは

見田 申し上げたいのはその三つですが，ちょっと一点，関係のない話をすると，ゴッホの絵についてです。ゴッホの絵は非常に鮮明なダイナミズムを持っていますね。それがどうして可能になったのか。

絵の具というのは，鮮明な色を出そうと思って混ぜれば混ぜるほど「減算混合」で暗くなる。それに対して，微妙な色を出しながらも減算混合で暗くならないためにはどうしたらいいかを考えていくと，点描法にたどり着くんです。赤とか緑とか黄色とか，いろんな原色をそのまま点描する。そうすると，絵の具は混ぜないから色鮮やかなままでありながら，なおかつ微妙な色を出すことができる。それが印象派の素晴らしい発明だった。そしてゴッホはその印象派から出てきて，印象派を乗り越えた。

では，どうやって乗り越えたのか。

鮮明な色が出る点描法は，いわば「ジャーナリズムの現在」みたいなものです。ところがゴッホの絵がほかの画家とどこが違うのかというと、ゴッホが描く点には勢いがあるとともに、ある方向性が宿っているわけです。

――たしかに糸杉でもひまわりでもそうですね。

見田　静的な感じがある印象派の点描法を使いながらも、ゴッホの絵は非常に生命感に満ちていてダイナミックだ。なぜならゴッホが描く一つひとつの点が「勢いのある点」「方向性を持った点」になっていたからです。そのことによって、ゴッホは鮮明でありながらもダイナミックな作品を描くことができた。それはジャーナリズムにとっても一つの可能性を示しているのではないでしょうか。

――といいますと。

見田　ジャーナリズムは現在に密着します。それはいわば「点」ですね。ただその点が、「歴史との対話」や「未来との対話」、「現在との対話」を通して、初めて勢いと方向性を持ってくるということです。つまり現在でありながらも、どういう方向性を持った現代なのか、あるいはどういう勢いを持った現在なのかがポイントです。ジャーナリズムは「現在」というのが生命なわけですが、その点は、あるべき未来とか歴史を踏まえることで初めて方向感覚が生まれる。

ジャーナリストにとってはそういう方向感覚みたいなものが大事だと思うのです。それがあることによって、現在の一つの事柄が内側にどういう可能性を秘めているのか、どういう勢いがあるのか、そういうことがまるでゴッホの点のようにダイナミックに立ち現れてくる。そうなって初めて、その記事にはゴッホの絵みたいにダイナミックな鮮明さが出てきて面白くなる。

活字ジャーナリズムの世界でいえば、読者からみて「活字が立ってくる」といいますね。読んでいてなぜ「活字が立つ」かというと、そこにリポートされている現在を、可能性や方向性を秘めたものとしてジャーナリストが描いているからです。

成長主義に依存しないポジティブな未来像を提示しよう

別の角度からそのことをいうと、ジャーナリズムは、このまま経済成長を続けていったら未来がどうなるかということを示すだけでなく、やはり「ポジティブな未来のイメージ」を提示しないとだめだということです。

これまた良心的なジャーナリズムの陥りがちなもう一つの欠点として、「こんなふうになってしまうぞ」と危険性だけを警告するということがある。だけど、ふつうの多くの生活者はそんな警告を聞かされると、「じゃあどうしたらいいんだ」と反発したくなるものです。

だからこそ、「持続可能な幸福な社会のイメージ」を明確に打ち出さないと、ふつうの生活者は「そっちに行こう」とは思わないですよ。そのためにはまずジャーナリスト自身がそのイメージを明確に持って、その上で国民に提示しなければならない。現在からそこへどう持って行くかという「ロードマップ」が必要です。

別の言い方をすれば、つまり「見晴らし」です。「見晴らしを示す」ことがジャーナリズムにとってはとても大事な使命で、しかも成長依存的ではない、ポジティブで永続可能な未来に対する見晴らしを開くことによって多くの人は初めて変わっていく。ジャーナリズムが「明るい勇気を国民に与える」みたいな感じですね。

警告だけのジャーナリズムはもはや限界があるのではないか。(中略)考えてみれば、無限に経済成長を続けなくても人間は幸福に生きられる。そういう社会にしていくための設計をすることは十分可能です。今後三年から五年ぐらいの時間をかけて、無限の成長に依存しなくともいい、持続可能な幸福のイメージを出していきたいと思います。

あとがき

「森を浴びる」経験

最近はまとまった時間ができると森へ出かけていく機会が増えました。森といっても何千本もの大木が鬱蒼《うっそう》と生い茂った本格的なものから森林公園的なものまでいろいろですが、滑りやすい傾斜面を一歩一歩踏みしめながら奥へ入っていくにつれて、心や身体のこわばりが次第に解けてリラックスし始め、爽快な気分になってきます。文字通り「森を浴びる」経験です。

森の中を歩いていて何より気持ちがいいのは、「人間は何とちっぽけな存在なんだろう」ということを森全体が教えてくれているような感覚にとらわれるからです。

森では天高くそびえる木々や地上の植物同士が独自の「会話」を交わしているだけでなく、足元の目に見えない土の中の動きも活発です。NPO法人地球守《もり》代表理事の高田宏臣さんによると、「無限ともいえる微生物の集合体」である菌糸が白い糸でネットワークを張りめぐらせて多様な生き物たちの命の循環を支えています。菌糸が木の根っこの先端に「ここにおいで！　ここだったら僕たち生きてるよ」とnon-verbal(非言語的)に誘いかけ、それに呼応した細い根がたしかに「ここなら呼吸できるな」と判断して根を伸ばすといった現象も起きているといいます。森の中では人間の与《あずか》り知らぬと

「大地と水と光が重なって，自然が自由になる．そんな生態系が躍るとき，森は可能性として生きている」（三木一弥，東京都八王子市郊外）

ころで実に多彩で濃密なコミュニケーションが交わされ、それが生態系をよみがえらせ、活性化させているのです（高田宏臣『よくわかる土中環境』ＰＡＲＣＯ出版、二〇二二年、三六〜四一頁）。

森に備わった繊細かつダイナミックな再生力は、深く知るほどほんとうに驚かされます。

お気に入りの森はいくつかあります。中でも最近は東京・八王子を拠点とする「森と踊る」株式会社が活動している森に関心を持っています。「森と踊る」は、①放置されて荒れた森を相手に、傷んだ大地の改善を手作業で進めていく②放置人工林を植えないという「植えない林業」を通して、様々な木々や生き物が共存する健康な森林を再生させること（これを代表取締役の三木一弥さんは「森業」と呼びます）を新たなビジネスととらえてチャレンジする③山を木材資産の産地としてよりも「人間がその精神や身体の健全化を図るための大切な空間」としてとらえる――などの点がユニークです。

三木さんは「森と踊る」のホームページにこんなメッセージを載せています。

「森の健全性には目に見える地面の上の状態を整えることも大事ですが、直接見ることはできない大地そのものの状態を整え機能させることが決定的に重要だと感じてます。それは水や空気と共に菌糸や草木の根、様々な生き物達の健全な連環により生み出されます」（https://www.moritoodoru.co.jp/about/#Message）

高田さんや三木さんの文章を読んでいて想起されるのは、本書の主題の一つで第9章に書いた「メディアエコシステム」のことです。未来に向けて情報生態系をより健全なものに創り替えていこうとすれば、目に見える範囲の表層的な問題や課題を形式的に整えることも大事ですが、目には見えない「もっと大きなものの状態」に踏み込んで機能させることの方がより死活的に重要です。

この意味を、メディアエコシステムをめぐる文脈に置き換えてみると、「直接見ることはできない大地そのものの状態」とは、メディアやニュース、そして報道のあり方に対する人々の疑問や不信が高まった結果、メディアと人々の間を本来つなぐはずの「信頼性の回路」が深刻な根詰まりを起こしている現象を指すととらえることもできそうです。目には見えない、エコシステム全体に影響するこの岩盤的な問題に挑んでいかなければ、ほんとうの解決に到達することは決してできないでしょう。

五〇〇〇年後には、いま生えているヒノキが、大人六人が両手を広げてようやくつながるぐらいの大木になって、自分が見渡せる範囲に一〇〇本程度はそびえ立ってほしいと三木さんはいいます。「自分がこの世からいなくなった先の未来にコミットして、その地点から逆算して自分たちのいまの行動を判断していこうとの思いは明確にあります」。こうしたことばにも未来のメディアエコシステムを構想するにあたってのヒントがあるように感じ、豊饒な森と自宅を電車で往復しながら第9章の原稿を少しずつ書き進めました。何より一〇〇年先にとどまらず、五〇〇〇年先を見据えて活動したいという志が素晴らしい。このグループからは今後も楽しく学んでいくつもりです。

先の戦争で権力側はどうやってメディアの言論を封殺していったか

「日本を取り巻く安全保障環境がかつてないほど厳しい」との理由から、日本が武力攻撃を受ける可能性をことさらのように強調する発言を政治家らが繰り返しています。その動きに社会が感情的に流されないためにも、政府からは独立したより広い視野に立って、国際関係と日本の役割を事実に基づいて冷静かつ複眼的に取材した記事を積極的に発信する責任がメディアにはあるはずですが、現時点ではまったく不十分な段階にとどまっています。政府や「御用学者」らの専門家集団に対抗する言説を創り出せないこと、それもまたメディアの「罪」の一つでしょう。

その一方で、日中戦争や太平洋戦争の時に、権力側はどうやってメディアの言論を封殺していったのか、その具体的なプロセスも含めた歴史的事実を私たちはもっと知る必要があります。

この点に関連して、ジャーナリストの前坂俊之さんは「太平洋戦争下の新聞メディア」という論考の中で次のように指摘しています(『マス・コミュニケーション研究』六六号、六、七頁)。「日中戦争以後、戦時体制、太平洋戦争へと突入する段階で軍部の意向に従って政府は次々に取り締まりの法規を作り、メディアはガンジガラメに縛られ、二重三重の厳重な検閲で、まったく書けない状態に陥っていった」。また「新聞メディアを全面的に脅かした」のは一九三八年に施行された国家総動員法だったとした上で、「同法にもとづく新聞事業令こそ、その包括性、全面性において言論統制法規の中でも最悪のものであった。言論面と同時に新聞用紙、営業、業務へ全面的な統制を加え、これに違反すると「発禁」をこえる事業の「廃止」をもって脅かしたこの勅令によって日本の言論統制ファシズム体制は完成した」と述べています。

こうした過去の事実からは、メディアを取り締まるための法律が一つできたらあとは矢継ぎ早に関連法規が作られていって「言論の自由」があっという間に息の根を止められてしまうことも推測可能です。そのことにいまのメディアはどれだけ関心を持っているのでしょうか？

他方、作家で歴史探偵の半藤一利さんは「熱狂した世論」について、著書『あの戦争と日本人』の中でこう指摘をしています。

「恐ろしいことは「国民の声」であるからということで、政治・軍事の指導者どもがそれに乗っかってしまうことです。あるいは煽動者(世論の造出者)もそこにふくめたほうがよろしいか。いずれにせよ、彼らは世論を盾にすることで、重大な責任からまぬがれ、責任をすべて不特定多数の「国民」に移してしまうことができる。そしてそうすることで、いっそう強い勢いで、これは下からの声であるからと、いかさまの世論をつくりだすこともできるわけです」

そしてその実例としてこんなエピソードを紹介しています。

「満洲事変時の陸相南次郎は事変勃発後一週間もたたぬうちに、各神社には必勝祈願の参拝者がどんどん押し寄せ、無名の志士・国士からの血書血判がとどけられたという新聞記事を読みながらニコニコしていった、といいます。「日本国民はほんとうに頼もしい。この全国民の応援があればこそ出先きの軍人はよくその本分を果しうるのである」」(『あの戦争と日本人』文春文庫、二〇一三年、三八一〜三八三頁)

ここで何がいいたいのかといえば、メディアは権力を監視する義務があるのと同時に「世論の暴

走」をチェックする役割も負っているという点です。「メディア不信」の時代において、この国には
いま、同調圧力に弱く、権力者からの働きかけにも素直に応じてしまいそうな人々が少なからずいる
であろうことは想定に難くありません。そこで思い出されるのは第3章で紹介したハンナ・アーレン
トのことばです。

「事実というものは大衆を説得する力を失ってしまったから、偽りの事実ですら彼らにはなんの印象も与えない。大衆を動かし得るのは、彼らを包み込んでくれると約束する、勝手に拵《こしら》え上げた統一的体系の首尾一貫性だけである」（ハンナ・アーレント（大久保和郎、大島かおり訳）『新版 全体主義の起原3』みすず書房、二〇一七年、八六頁）

「信頼」と「エンゲージメント」が脆弱なメディアでは、権力者による人々に対する「統一的体系」に基づく「首尾一貫」した扇動には到底対抗できないでしょう。あくまで「市民の側に立つ」という覚悟を決めたメディアが、人々の間により大きな「信頼」と深い「エンゲージメント」の輪を広げていく今日的意義はそこにあるのです。

最後に、原稿の執筆に没頭するあまり家中を本と資料で埋め尽くした私を、忍耐と寛容な心で支え続けてくれた妻の智香子に「ありがとう」と感謝の思いを記すことをお許し下さい。

二〇二三年一二月

松本一弥

松本一弥
ジャーナリスト．1959 年生まれ．早稲田大学法学部卒．朝日新聞入社後は調査報道記者として経済事件やオウム真理教事件などを担当．その後月刊『Journalism』編集長，『論座』編集長，夕刊企画編集長を歴任．この間，早稲田大学政治経済学部や慶應義塾大学法学部でメディア論や取材論を教えた．退社後は慶應義塾大学 Global Research Institute 客員所員を経て現職．
単著に『55 人が語るイラク戦争　9.11 後の世界を生きる』(岩波書店)，『ディープフェイクと闘う「スロージャーナリズム」の時代』(朝日新聞出版)，共著に『新聞と戦争』(朝日文庫上下巻)．総括デスクを務めたプロジェクト「新聞と戦争」では取材班とともに石橋湛山記念早稲田ジャーナリズム大賞，JCJ(日本ジャーナリスト会議)大賞，新聞労連ジャーナリズム大賞を受賞した．

メディアの「罪と罰」──新たなエコシステムをめざして

2024 年 1 月 30 日　第 1 刷発行

著　者　松本一弥《まつもとかずや》

発行者　坂本政謙

発行所　株式会社 岩波書店
〒101-8002 東京都千代田区一ツ橋 2-5-5
電話案内 03-5210-4000
https://www.iwanami.co.jp/

印刷・精興社　製本・牧製本

ISBN 978-4-00-024959-1　　Printed in Japan